叶开的魔法语文

YE KAI DE MOFA YUWEN

叶开 主编

第十一课

我的街角

WO DE JIEJIAO

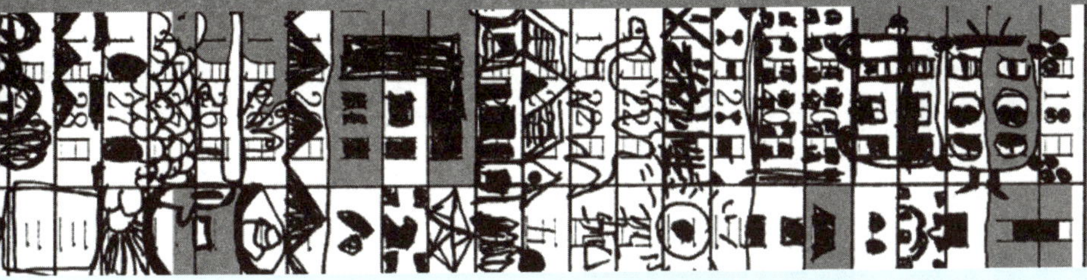

百花洲文艺出版社
BAIHUAZHOU LITERATURE AND ART PRESS

图书在版编目（CIP）数据

我的街角 / 叶开主编. -- 南昌：百花洲文艺出版社, 2018.4
（叶开的魔法语文）
ISBN 978-7-5500-2735-0

Ⅰ. ①我… Ⅱ. ①叶… Ⅲ. ①作文 - 中小学 - 选集 Ⅳ. ①H194.5

中国版本图书馆CIP数据核字（2018）第054046号

我的街角

叶　开　主编

出 版 人	姚雪雪
责任编辑	王俊琴
书籍设计	赵　霞
插　　画	饶凯西
制　　作	何　丹　周璐敏
出版发行	百花洲文艺出版社
社　　址	南昌市红谷滩世贸路898号博能中心一期A座20楼
邮　　编	330038
经　　销	全国新华书店
印　　刷	江西千叶彩印有限公司
开　　本	720mm × 1000mm　1/16　印张　13.5
版　　次	2018年7月第1版第1次印刷
字　　数	100千字
书　　号	ISBN 978-7-5500-2735-0
定　　价	39.00元

赣版权登字　05-2018-118

邮购联系　0791-86895108
网址　http://www.bhzwy.com
图书若有印装错误，影响阅读，可向承印厂联系调换。

爱写作的孩子是一座魔法星球

叶 开

感谢读者朋友打开这本书，感谢你们看到我写的这篇小序。

请允许我略微骄傲地向你们介绍这套独一无二的作品集。

收入这套十二册近百万字的作品集，不是大家习以为常的课堂作文集、满分作文集、考试作文集，而是一整套由小学生和初中生自己创作出来的、风格独特、形态各异的优秀文学作品集。

我曾给这些孩子讲授一门“深阅读课程”。每次课后布置写作，孩子们立即“占楼”，并“光速”交作业。我每次都读得愉快兴奋，常常熬夜给他们的作文写下很长的分析和评语。

我精心挑选出来很多作品和孩子们一起阅读，讨论，思考。有莫言的短篇小说《大风》、刘慈欣的短篇科幻小说《诗云》、柳文扬的短篇科幻小说《一日囚》以及唐传奇中的名作《板桥三娘子》《聂隐娘》等，读了这些作品之后，他们脑洞大开，进而形成自己的独特思考，并开始了自己的精妙创作。

其中有一个良好的“副”作用——当他们逐渐成熟，学会运用作文套路后，这些在写作能力上达到同龄人中较高水平的孩子，面对应试作文时“杀鸡用了宰牛刀”，大多数人都能轻而易举地写出高分作文。

上海高考语文阅卷组组长周宏教授，常在我的微信朋友圈里为这些小朋友的作品点赞。他认为，孩子们都这样学习写作，今后高考写作文根本不是问题。

我曾说：语言是人类文明的底层操作系统。

如同电脑上、手机上无数的apps应用程序，都要安装在微软公司的Windows操作系统、苹果公司的macOS和IOS操作系统以及谷歌公司的安卓操作系统上一样，人类文明的其他形态，无论是天文、地理、工程、建筑、绘画、雕塑，以及各类科学，都要建立在语言这个操作系统上。语言的好与坏，直接影响到整个文明系统的稳定性。一个高级文明生态系统，他们的语言必定是高级的，他们创作出来的文学作品也必定是高级的。当今最发达的文明国家，他们的语言必定是最丰富的，其写作能力也必定是最高超的，而这些文明国家所留下来的文学作品（语言的最高形式），也必定是最优秀的。建立在这些丰富的文学作品上的文明形态，其想象力、创造力和制造力，都是非常惊人的。

语言一旦崩溃，一切文明形态都将崩溃。

如果我们使用的语言虚假、无趣、伪善，则其他的apps也无法超越。整个文明形态要更加真实、丰富、优雅、有趣、向上，则语言首先就要具备真实、自然、准确的基本要素，进一步，则是高效表达、有趣表达、丰富表达。

社会各行各业，哪一行能离开“写作”呢？语言表达的各种外在形式，无论是政治家演讲、国情咨文、周末报告、股票路演、公司总结、宣传文案，哪一样，都离不开写作能力。我从来没有见到过哪一个优秀作家是口讷不善言的。他们“不说话”，要么是不愿意在某种场合上表达，要么就是代笔的假作家。而那些写作能力强的人，总有更大的上升空间，有更广阔更高远的未来。

文集里这些小作者，从小学二年级到初中二年级，主力作者在上五、六年级——九岁至十二岁左右的年龄。当大多数同龄孩子咬笔头、搔脑袋、苦思冥想、灵感枯竭时，这些孩子个个都是脑洞大开、神思缤纷、下笔如有神，创作出一篇又一篇令人赞叹的作品。

这些作品中，有些特别成熟，有些略显稚嫩，有些特别有趣，有些非常可爱，总体呈现出新世纪少年的丰富想象和思考。

读了他们的作品，我自己也深受启发。我发现大多数成年人对孩子们的内心世界严重缺乏理解，成年人对孩子的认识大多是模糊的、空白的。因为，能读到孩子们真情实感、抒发胸臆的作品实在少之又少，缺乏足够的学习和分析资料。

在课堂作文、应试作文中，学生们只能走套路，写虚假文章，没有机会表达自己的内心和独特的思考，找不到合适的地方表达自己的复杂情绪。而在我的课堂里，他们得到了痛快淋漓的释放。

每个小孩都是一个小宇宙，当这个小宇宙的能量受到有效的激发而爆炸时，你才知道自己的孩子到底有多么与众不同。

孩子们年纪虽然小，但是他们通过互联网的手段，接触到的外部世界，比自己的父母和老师想象中的要丰富、生动得多。然而，他们在传统的课堂里，却没有太多机会表现自己。大多数孩子，也没学会以写作的方式表达自己，展现自己。

我长期与孩子们交朋友，和他们不间断地交流。知道他们表面很天真、很幼稚，其实小家伙很懂得伪装，知道在什么情况下，要隐瞒，不让大人看到自己的真实爱好。只在自由表达中，他们才会敞开心扉，吐露自己内心的秘密。

阅读这些作品，我们才会恍然大悟：原来孩子的身体里也隐藏着一个宇宙！爱写作的孩子，是一座魔法星球。

他们的内心很丰富，他们的思想很复杂，不像外表显得那么稚嫩，那么单纯。当你认识这些孩子时，会很惊讶：他们看起来跟其他孩子差不多的稚嫩表情底下，竟然能隐藏着如此丰富的想象力，这么美妙的创造力。他们以自然准确而优美的语言，创作出属于自己的想象王国。在这个时候，爱写作的孩子已经拥有整个属于自己的世界。

他们都拥有一座属于自己的秘密魔法星球。

有些小孩子在作品里写道：老师和父母都认定小孩子幼稚，因此小孩子也装得很幼稚了。成年人想当然地把自己的固有概念套到孩子身上，以僵化的态度来塑造孩子，并且被自己的观点所迷惑，而无法有效地与自己的孩子交流。孩子们只好机智勇敢地、故意卖个破绽地装出单纯幼稚的样子，满足成年人对小孩子的虚假想象和塑造。

“狼昨”是我最杰出的学生之一。她是一位擅长编程，满脑子奇思妙想的七年级女孩，去年曾写过一篇科幻小说《过去的时光》，以科幻的形式来写成年人和小孩子之间的深深隔阂。

她想象有两种星球：大人星球和小孩子星球。这两个星球彼此缺乏了解——相比之下，还是小孩子星球对大人星球了解更多一些。但是大人星球自以为很懂小孩子星球。他们不假思索地认为，自己天然地对小孩子星球有居高临下的优势，总是发布各种命令，提出各种要求……

这篇作品包含了丰富的孩子心理信息，推荐各位爸爸妈妈一定要好好阅读。也推荐给教育界的各位人士，我们自以为了解的孩子，并不是教科书想当然写的那样。想深入理解小孩子的内心，要真正懂得教育，我建议好好地阅读一下他们的作品，其中的第一册《用七个关键词描述自己》，就是了解孩子们的最好材料。

小孩子们的内心不仅仅如此，他们还总是思考着一些奇妙的历史和宇宙。

“木木水丁”也是我最杰出的学生之一，她运用自己学到的宇宙知识和历史知识，在科幻小说《频闪时空》里，设想了一个特殊的问题：我们的宇宙历史，会不会是由一张张特殊的“照片”组成的？每个不同的时空就是一个不同的星球，人长大是不断地从一个星球迁移到另一个星球。人类自己身在局中，不知道其中的奥妙——只有不知身居何处的“时空主宰”在操控一切。而深知“时空主宰”奥秘的那个人，生活在公元元年，他的名字叫作“耶稣”。

读完这部作品，会发现这是一种历史文化和宇宙观念的奇妙旅程。其中写到主人公穿越回到公元元年（这个星球），见到了那个叫作耶稣的五岁孩子，这才知道历史典籍记载的耶稣诞辰一直是错误的：耶稣五年前就出生了。

这里面有很多特殊的思考，真的“亮瞎”了我的“钛合金”眼睛。

“沼泽”也是我最杰出的学生之一。他在五年级时就写出了探讨“不确定性”的一部杰出的科幻小说《骰子》。其中写到了一名来自火星的名侦探匹克，一到地球就失踪了。而地球上最神秘的黑暗势力的领袖，正在巴黎的下水道里，打算实施把整个太阳系各个行星炸掉的庞大阴谋。他到底会不会炸掉太阳系里的那些行星呢？关键看头号恐怖分子Forever会不会掷出某个特定的点数：星球的命运，建立在偶然、随机上。

在小说里，小作者熟练地运用了“量子力学”理论，还巧妙地谈到了“薛定谔的猫”等概念，令人大开眼界。他在五年级时上唐传奇《聂隐娘》的课，课后写了一篇科幻小说《楚门的世界》。凭着这篇优秀作品，他被上海最著名的民办学校之一——平和双语学校特招进初中部。

“颜梓华”也是我最杰出的学生之一，前不久他写出了一部三万字的中篇科幻小说《地球四十八小时》，读了令我深为赞叹。

小说里写某高智慧外星文明的男主角小男孩要去另外一个遥远星球探望父亲而搭乘星际列车旅行，因误入某种时空漩涡，星际列车穿越了时空，停靠在了几千光年之外的地球的某个车站。这让小主人公在从未到过的地球世界里，经历了四十八小时惊心动魄的冒险。小说结构很精简，人物和人物关系设定很合理，其写作能力，远远超出了很多大学中文系的学生。

“雪穗·茗萱”是研究阿西莫夫科幻名作《银河帝国》系列的小专家，现在读七年级。她写的科幻小说《银河帝国·虎》，结构之精妙，故事之出人意料而又合情合理，文笔之好，简直是阿西莫夫再世。

另一位七年级的天才少年周阳，也以阿西莫夫的《机器人帝国》为灵感，创作了一部优秀作品《机器人星球长》，写某天突然爆发了一条信息“地球星球长萨旦·奥利瓦是机器人”，而迅速流传到宇宙中有人类居住的四十五个星球中，宇宙世界联合组织委派名侦探夏洛克·安德罗斯前来地球调查真相。故事结构非常特别，结尾出人意料又合情合理，充分体现了小作者的谋篇布局和叙事推进的高超能力。

六年级学生黄铭楷的科幻小说《命运之钟》，写某台来自宇宙最先进文明的机器，落在地球上，而为地球人所用。这台机器是一部超高能的计算机，能计算出地球上每一个人的命运走向。因此，王国内每一个人出生之后，都要来到这个“命运之钟”前检测自己的命运。那些被宣判未来会变得邪恶的人，就会被抛弃被杀死。而最奇特的事情，发生在国王的两个孩子身上，“命运之钟”判定他们会自相残杀。老国王痛苦不堪，但不肯对这两个孩子采取“抛弃”的方式，那么，两位王子如何突破这个命运的陷阱呢？故事结构之巧妙，解决之合理，我也一直记忆深刻。

我教过的学生中优秀的科幻少年很多，除上面的那些小天才之外，还有现在读五年级的张小源、五年级的李华悦、七年级的时践、五年级的周子元、四年级的郑婉清、四年级的刘悦彤、六年级的张倍宁、八年级的程琪鸿、七年级的李暖欣等等，恕我不能一一列举更多的名字，他们都写出了精彩的科幻小说，读了真是让人感到大开眼界。

除了科幻小说之外，这些文集里，还有大量的幻想小说，包括魔幻小说、玄幻小说、奇幻小说等，深受一起学习的孩子们欢迎的枫小蓝、戒月、莞若清风，是幻想小说的天王三人组，是真正的幻想小说天才。还有徐鸣泽、丁希音、何浥尘、杨睿敏、雾霭青青、幂小狐等，都是幻想小说的顶尖高手。

孩子们不仅仅是写幻想小说才能高超，在打通灵感之泉以后，他们写其他文类如记叙文、议论文等，都得心应手。游记、影评、书评，完全不在话下。

浙江平湖的张小源同学四年级跟我学习，现在五年级。她创造的幻想作品风格多样，跨度很大，屡有佳作，而科幻小说也像模像样。她写的游记、影评、书评，都非常精彩。写美国科幻鬼才菲利普·迪克的文章，写《哈利波特》的书评，都非常老到。

当孩子打开写作的闸门之后，他们就会在写作的过程中不断地“虹吸知识”，为了某些特定的知识内容，去寻找资料，认真了解学习相关的知识。例如“量子力学”“测不准原理”“相对论”等等，这些远远超出了他们年龄的知识，他们都孜孜不倦地去学习，而且热情高涨。

南京五年级小学生徐鸣泽，跟我学了袁枚《子不语》里一篇《赵大将军刺皮脸怪》而迷上了这部文言小说，自己读完了厚厚一本文言文作品，在班里建了一个《子不语》阅读小组。这些孩子的文言文阅读能力已经超过了很多高中生甚至大学生。在跟随我参加南京先锋书店里举行的跨年诗歌晚会时，台湾著名翻译家、诗人陈黎教授看到了徐鸣泽和她的小伙伴莞若清风，感到非常震惊，说你们不是小学生吗？怎么能看懂繁体字，看懂文言文的！

在孩子们眼中的幻想小说天才莞若清风，是一个精通古希腊罗马神话、埃及神话、北欧神话等各类神话的六年级女孩子，她深入浅出地化用这些神话元素，写出了一部部精彩的幻想小说。我一直记得她的杰出作品《雪雕冰神》，那么美好的一个幻想世界，也只有这些心灵纯净，未受到污染的孩子，才能创造出来。

而运用了特殊的地理知识和对《魔戒》的深阅读，七年级的时践创作了一部三万字的魔幻小说《费斯·波金与邪恶之眼》。

一介绍就“如数家珍”，有点兴奋过头了。

这套书中很多作品，在“叶开的魔法语文”公众号发出后，得到了全国各地的著名作家、出版家、编辑和优秀语文教师的点赞和激赏。

当我把一个专辑发在朋友圈里时，诺贝尔文学奖获得者莫言老师也点赞留言，说：“开卷有益！”又补充说，“开叶开的卷有益！”

北京师范大学科幻小说研究中心主任、博士生导师吴岩教授也常常为这些孩子的科幻作品点赞。

这里，要特别感谢我的老朋友——百花洲文艺出版社的姚雪雪社长。她慧眼识珠，一眼就看到了这些小朋友发表的作品中蕴含着惊人的潜力，立即跟我商量，请我负责编辑，由百花洲文艺出版社于2018年作为重点图书出版这套作品集。

编完了小朋友们创作出来的十二册《叶开的魔法语文》作品集，我的主要表情是“惊呆”，次要表情是“感到不可思议”。

这些脑洞大开的作品，每次交上来我都会逐一点评，印象深刻，感受特别。这些作品都是2017年夏天以前创作的，所以出书时标记的是小作者们写作时的年级。再次编辑这十二册近百万字的作品集，我为孩子们的真实自然准确的语言所惊叹，为他们的想象力和创造力所再度折服。

我是中国现当代文学博士科班出身，在《收获》杂志社做了二十多年的职业编辑，阅读过大量的文学作品，编发过国内外许多一流作家的优秀小说。本来以为自己已经读麻木了，天底下没什么新鲜事了，没想到在与这些孩子一起度过一年多的“深阅读”和“创造性写作”的美好时光之后，发现他们在得到有效的深阅读训练，学会有效思考，体会到高效率语言表达的乐趣之后，创作热情被激发了，而写出了前所未有的美好作品。有些孩子简直是灵感如涌泉，被激发得闪闪发光。他们的写作题材非常广泛，形式极其丰富，表达生动活泼有趣。如果不是被激发之后，渐渐进入更为自由的写作状态，我们很难理解，为何这些小孩子脑袋中竟然能藏着如此丰富的思考、如此瑰丽的想象、如此自由的表达。无论是科幻小说、玄幻小说、穿越小说、武侠小说还是游记、书评，他们都写得观点鲜明，精彩有趣，色彩缤纷，让人产生浓重的阅读兴趣。

我和一些孩子见过很多次，平时追逐嬉戏，打打闹闹，跟普通熊孩子差不多。但是，且慢，不要以貌取人。他们的脑袋里，藏有比黄金更珍贵的奇思妙想。他们的大脑如同宇宙一样无垠，他们的思考如同光速一样快捷，他们的表达像加特林机关枪一样干脆利索。有些人物关系的处理，他们比成年人更加直截了当；而在细节表现上，则精微而晶莹。

他们还小，未来无可限量。

同样，你们的孩子也还小，未来无可限量。

相信他们，就是相信未来。

这些孩子的潜力，都有待我们的呵护与激发。

2018年2月3日

目录

CONTENTS

1 消失的未来镇

汤夏香木（郑婉清） 四年级

（请注意，如果本文章被某位专业人士看到，请勿叽叽咕咕劈劈啪啪咳咳卡卡哔哔叭叭说一堆谁也听不懂的专业化语言，因本文章都是想象，如有雷同，纯属叽叽咕咕劈劈啪啪咳咳卡卡哔哔叭叭……）

我的名字叫木子溪，我有一个小镇。

现在是公元1835年，也就是清朝，还是我出生的那一年。

在2017年的历史书里，我们大清帝国已经跟什么法国、日本、俄罗斯、德国、美国等等各种各样的国家签订了什么《天津条约》、《北京条约》、《马关条约》、《南京条约》等等乱七八糟的条约。

如果你信了，我告诉你，你错了。

不仅是我会跟你这么说，我们所有真正的大清帝国的人都会跟你这么说。

有些人甚至会说："哈哈，看看那个傻瓜蛋子，居然说我们跟那么多国家割让土地，签订条约！这可是耻辱啊！"

你可能会说："你们疯了，你们都疯了！"

孩子，历史书里又不是全是真的咯。

而且，我的脑瓜正常得要命，如果我是神经病，我早就去我家对面的神经病医院了。

顺便说一句，因为那家医院里的病人太少了，都快关门了。

你知道为啥你的历史书上写的东西如此的不真实吗?

因为我们这些知道真相、高科技的人都搬走了!

话说为啥我们如此的高科技?

这要感谢我家的女仆——薇露。

一天早上，薇露像发了神经病一样高举双手尖声大叫在客厅里跑来跑去，把我父亲都给吵醒了。要知道，我父亲可不是好惹的，他以为薇露真发神经病了哩，于是他就高举双手粗声大叫把可怜的薇露追得满客厅地跑，还威胁她赶紧离开我们家，不然他就把她踢出去。可是薇露不知道从哪学来的一招，死死抱住我那老父亲的大腿不肯撒手，还大叫着："老爷！好心的老爷！求你让我留下吧！我有话对你说！"我那老父亲拼命地想要把薇露从腿上推下去，也一边大叫着："薇露！好心的薇露！求你从我腿上下来吧！我没话

要对你说！”最后，我的老父亲经不住薇露的这番折腾，终于同意了她的请求。他俩走进书房，谈了一堆什么叽叽咕咕劈劈啪啪咳咳卡卡哔哔叭叭让人听不懂的话，然后走出来，喜形于色，并一起高举双手粗或尖声大叫在客厅里跑来跑去，然后……然后我家的街角就变得高科技了。

这是我母亲告诉我的，但我很怀疑这事的真实度，谁叫我当时还没出生呢。

怎么高科技呢？自从我父亲建起第一座大厦后（这得先报告皇帝，让皇帝确定你干的事是无害的，还要保证在你提起一个女仆的疯狂主意时不被砍头），人们就发现这是一种新的时尚，于是纷纷效仿。不用我父亲动手，其他人就已经创造了手机、汽车还有杂志（啥？杂志？）。很快，我们街角就有了一个名字：未来镇。

我出生后的几年里，薇露告诉我她在好几年前醒来的那个早晨（没错，就是那个“薇露像发了神经病一样高举双手尖声大叫在客厅里跑来跑去”的那个早晨），为什么会如此的激动，一定要和老父亲谈话。

她说：“子溪，你是你父亲的大女儿，未来镇将会在你的手下继续繁荣下去。有件事我必须告诉你。那个早晨，我改变了世界。”

她吸了口气，我尽量地把我的背挺直，生怕漏掉一个细节。

“前一天，我太累了，躺在床上就睡着了。睡梦中，我迷迷糊糊地来到了一个地方，我看清第一眼的时候，我惊呆了，路上是我从未见过的男男女女，甚至还有孩子。要知道，在我那个时代，女孩子们都是不准出门的。还有没有马拉，却飞速行驶的……汽车吧，但很明显，我们当时还没有汽车。周围不是像我们以前的木房子，而是像现在的高耸云霄的摩天大厦。而且那些摩天大厦上，还都贴着海报。那一刻，我真的以为我眼睛花了。但这是真的，真真切切的。我像幽灵一样，在这未来的，不可思议的地方穿来穿去。偶尔我还碰着了几个人，但我却从他们的身体里穿了过去。但他们都没有注意到我。然后，这个梦就结束了。”

她意味深长f地看了我一眼，继续往下说：

“早上，我不敢相信我的梦，可我必须得相信，因为我之后的几天晚上做的都是差不多的梦，只不过第二天晚上我看着一位建筑师建造一座摩天大厦；第三天晚上我看着一个修理汽车的人员，正在洗他的第164辆车；第四天看着一个苹果手机的修理员修理手机……直到第十一天早上，我几乎把各行各业的工作都观察了一遍，才敢告诉你父亲。啊，你父亲真是个大好人，我说的每一个字他都信了。他相信我是没有错的，正因为他信了，所以才会有未来镇，是不……”

我等她讲完，才轻轻地问道：“我可以和你一起去一次未来吗？”

她想了想，同意了。

其实我心里也没底，因为我不知道我能不能去。

今天晚上，我躺在床上，想着。

想着，想着，就睡着了。

我打心眼里希望我能去未来。

结果……我成功了。

说实话，未来并没有我想象的那么好，这儿比未来镇嘈杂多了。

“你想去哪儿啊？”薇露从我身后冒出来。

我看了看，觉得有点不对劲。

“你是透明的！”我惊叫道。

“不然呢？如果我们不是透明的，那些未来人就会看见我们了。想想看，谁希望发现两个人在天上飞啊？你到底想去哪儿？”薇露说。

我看见我的左边有一个地方，那儿堆满了书，其中最醒目的，是一本大部头的书。我仔细看了看，发现本书的名字叫《清朝历史简介》。

好哇，我倒要看看这些未来人眼里的清朝。

我向薇露指了指那个地方，她心领神会，带我俯冲下去。

我走进那个地方，看见头顶上有两个字：书店。

“这么说，这个地方就叫‘书店’？”我自言自语道。

我一把拿起那本书，翻了翻，里面写的全是什么大清帝国跟什么法国、日本、俄罗斯、德国、美国等等各种各样的国家签订了什么《天津条约》、《北京条约》、《马关条约》、《南京条约》等等乱七八糟的条约。

啥？这不符合事实！这肯定是在诽谤我们大清帝国！我想。

我看着看着，实在看不下去了，便砰的一声把书合上了。

我身后的一位女士突然尖叫了一声："啊！有鬼！"

我饶有兴趣地看着她，因为我想知道她接下来会干啥。

周围的人只要听见这声尖叫的，都围在了她身旁，我也不例外。

她指着我合上的那本书，战战兢兢地说："我看见了……那鬼就在那儿……刚才把书砰的一声合上了……"

我继续看着她，现在她一句话也说不出，因为周围的人都以为她看走眼了，还有人认为她疯了，便嚷嚷着要把她送进神经病医院。

这简直太有趣了！我就在他们身旁，他们却认为唯一一个知道真相的人是神经病！（不过如果在我们的世界里，有一个人像这位女士一样大声尖叫，也会被当成神经病的）。

"怎么样，玩得开心么？"一个女声传来。

我被吓了一跳，睁开眼一看，原来是薇露。

她正笑嘻嘻地看着我。

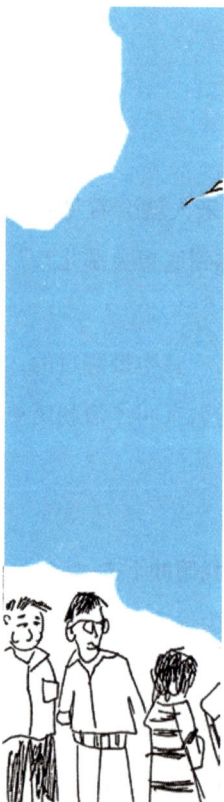

“明天还要去吗？”

“嗯。”

这一天仿佛是在不耐烦中度过的，因为我太盼望晚上的梦了。

终于到晚上了，这大概是我睡得最早的一个晚上，八点就睡了（我一般都是十二点还精神得要命的那种无敌夜猫子）。这使我爹娘惊讶得要命，他们居然还问我要不要再看一会儿电视！

我躺在床上，一直睡不着，可能是因为我总是很晚睡，突然早睡有些不太习惯吧，总之，我在床上躺了至少一个小时，才睡着。

今天，薇露没有来，我一阵兴奋，我可以自己来未来的世界了！

只不过，我今天不在书店的右侧。

我在一个很严肃的地方，墙都是用雪白的大理石造的。

那儿的人们都穿着一丝不苟的黑西装，表情严肃。

我跟着一个穿着黑西装的男人飘进了一间大厅，看见了一个会议桌，我认为他们应该要在这间大厅开会。

果然，路上的那些西装男都进入了这间房间。

坐在靠阳光的那个西装男对其他的西装男说：“据我所知，我们已经很久没有开过会了，上一次会议好像是在2015年12月28日，我依稀记得，上一次会议的内容好像是关于……清朝所签订的条约的，还有人记得是哪些条约吗？”

没人回答，显然已经没人会把那些开会的主题记得一清二楚。

西装男环视一周，失望地说：“至少有那个‘北京、南京、天津条约’吧？”

什么？他讲的话怎么和那本骗人的书上说的一模一样？我想。

但是那些西装男听了他的话后，竟然同意地点点头。这使我很生气，未来人们咋老是捏造现实呢？要知道，我们美好的、公正的、强大的大清帝国从来没有和外国人签订什么条约！而且那些西装男也不像没脑子的人，怎么会说那些条约是签过的呢？

会议接下来说了些什么，我没听见，因为我脑子里已经被条约充满了。

散会了，我恍恍惚惚地跟着一个西装男走出了会议室。他们的谈话把我从条约世界里拉了出来。

“……没事的没事的，去一次慈禧墓也是可以的……”

“……不行不行绝对不行，老板会骂的……”

“……没事的呀，就说去看望生病的老妈妈去一次……”

“……还是别去了吧，合同上说过除了放假以外的时间都不能去旅游……”

什么？慈禧墓？我想着，慈禧墓是个啥？没搞明白的我打算继续偷听他们的谈话。

“你们在谈什么呀？”一个新的声音加了进来。

“慈禧墓，要去吗？”

“慈禧墓！就是那个生活在1835年11月29日至1908年1月15日，并和法国签订了《中法条约》的圣母皇太后的坟墓？”

“没错，去吗？”

“当然！”

“可是这样不太好吧，一堆人的妈妈同时生病？”

“唉，你这个傻蛋，多编点理由不就完了？”

“好吧，好吧，你们去吧，我可不去。”

慈禧？圣母皇太后？签订条约？和法国？等一等，宝宝脑子有点乱，让我来好好梳理一下。

慈禧简介报告：

1.慈禧：圣母皇太后（圣母皇太后是什么鬼？）

2.慈禧生活在1835年11月29日—1908年11月15日。（咦，这不跟我是一个时代的人吗？）

3.慈禧死后（圣母皇太后死后）还有坟墓？坟墓还是景点？

4.慈禧签订了中法条约？（圣母皇太后签订了中法条约？）

但是，我的那个时代并没有什么慈禧啊！（圣母皇太后啊，不知情的朋友可以去看看我的慈禧简介报告里的第2条。）

可是在未来人口中，谈论的是慈禧，而不是我！

而且，如果我那时的技术和未来的技术一样（说不定还更好），那么在从1908年到2017年的这109年里，人类的技术难道没有再提高吗?

我深吸了一口气，得出了一个结论：我，和未来镇在历史的长河中是不存在的。

接替我的，是慈禧，以及落后的科技。

如果我不存在，那我又为什么会做梦，又在这个未来的复杂的大千世界里呢?

是啊，为什么呢?

我开始往下坠落，坠落……

原来是梦醒了啊，我睁开了眼睛。

不知道为什么，我的床头端端正正地放着一本《清朝历史简介》。

我翻了翻，正好是“书店”里的那本，一模一样。

呵呵，现在我也不能假装那个梦不是真的了。

它就是我去过未来的证据。

我从容地走向客厅，胳臂肘里夹着那本《清朝历史简介》。

爹娘还在看电视，我径直走向他们。

“爹，娘，我晚上做了个梦。”我对他们说。

我爹娘立刻把我带进了书房。

我看着我爹娘的眼睛，说：“前几天晚上薇露带我去了未来世界，那儿和我们这里差不多。我对一个放满书的地方很感兴趣，于是我就飞进了那个地方，还顺便拿起了一本《清朝历史简介》翻了翻。可是那本书里却写着什么《南京条约》《马关条约》和《北京条约》，都是我们大清帝国跟外国签的。”说到这里，我微微调高了嗓音，“我觉得这是耻辱！是诽谤！但又有什么用，这本可恶的书上就是这么说的。”我把这本大部头书往前一推，“然后，这个梦就结束了。第二天晚上，我又做了梦，可这次我是在一个用大理石造的会议厅，那些男人们都穿着西装，还谈起了他们上一次会议。说实在的，谁会管这些？可他们谈的却是关于条约，就是这本书里的。我认为这些西装男智商应该不会低，可他们却相信这些鬼话。之后他们说了些什么，我没听，但我记得他们散会之后有几个人在说一件事，是关于慈禧的。”我说到这句时，看见爹娘一副疑惑的表情，便赶紧解释道，“他们说慈禧是生活在1835年11月29日至1908年11月15日的，和法国签了《中法条约》。她还是圣母皇太后，我发现她与我的生活时间相同，但是我的这个世界是更加现代化的，而她的那个，则是按照历史的。设想一下，如果假设‘未来’是2017年，那么在这109年里，‘未来’的科技和我们一模一样，是不可能的。或者如果我们按照我们继续发展，那就会有两个世界，一个是我们的，高科技，另一个是这本书里的，幼能化……我想要去寻找答案，可是我要去哪儿寻找呢……”我的声音越来越低，生怕爹娘会不同意。

“孩子，不用说了，我们同意，建议你去找一个智慧的师父，

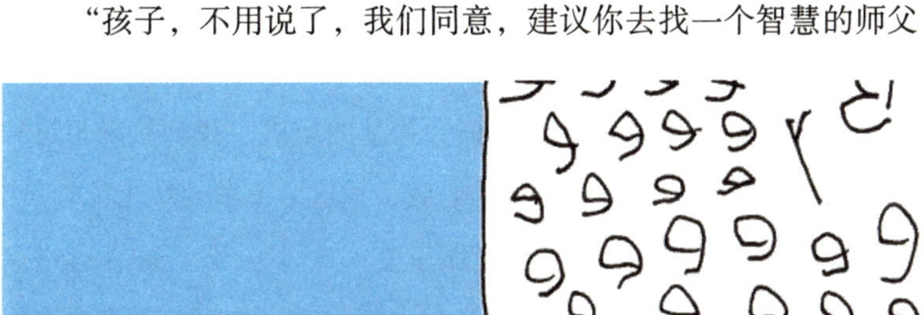

问问他答案，有必要的话，还可以顺便学习一点……法术。”我一抬头，看见的是娘的那双善解人意的大眼睛。

时间一晃过去，距离那时已经七年。

我回来了。

不变的是那身白衣，那份记忆，变的是我的面孔和我的心，更加成熟。

“爹，娘，我回来了。”我走向我家的那扇门。

门上，有一张纸。

我仔细地看着，读出了声：

我们死了，不必担心，为你留下了足够的财产，祝你成功。

爱你的爹娘

1901年4月4日

我看着这张纸，不敢相信这是真的。大滴大滴的泪水落在纸上，将纸上字迹也弄得糊了。我真是疯了，七年，七年啊！我却没有想到给我的父母一点我的消息，哪怕是一封信也好啊！我那时，却都在想着什么？大清帝国？慈禧？错乱的历史？我却从未想过和我的父母报声平安，让他们不要担心我，我这个不孝的女儿！

恢复情绪后，我走到后院，那里有一个小土堆。这真可惜，我们虽然在技术上提高了很多，但在“葬”这一方面，始终没有提高。不然，说不定，我还能见到我父母的完好的遗体……

一小时后，我施下了沉睡魔咒。

一片静默之中，我在我选定的地方制造了一颗星球。

我带走了高科技的大清帝国，留下了与我们一模一样的人，以及那些木房子。

留下了慈禧太后，光绪帝，以及……怎么说呢？落后吧。

最后，我将时间调回1835年，我出生的那一天。

再见，地球。

后 记

在我的街角（爹娘留给我的遗产），不变的是大清帝国全国上下的高科技，变的，是我。

我已经七十九岁，出行已需轮椅。

现在已经没有未来镇，但我每次出行时，都会想：未来镇虽然已经不在，但是——

这儿，依旧是那辉煌的大清帝国中最发达、最先进的街角。

叶开老师点评：

郑婉清这部《消失的未来镇》写得太有意思了。从过去穿越到未来，把历史重新解读一遍，最后带着“未来镇”

离开了地球，让一个落后的"大清"向前走。这篇作品太神妙，读得我简直非常兴奋，那些条约，鬼条约，什么条约，狗屁条约，被你写得太有意思了。尤其是"西装男"们在那里装模作样地开会，然后打算去参观慈禧墓，这个呵呵呵了。你重新思考了"大清国"的历史，而且非常棒地想到了一个核心的、关键的"中心点"（又叫"中心思想"），那就是——"孩子，历史书里又不是全是真的咯。……你知道为啥你的历史书上写的东西如此的不真实吗？因为我们这些知道真相、高科技的人都搬走了！"你们不仅自己搬走了，而且，还把历史都"搬空"了。这个，实在是太厉害啦。"大清国"不相信眼泪，不相信未来，不相信"未来镇"，要把这一切都取消！你那个修仙的梗，出来得稍微有点突兀，竟然修仙七年，回来父母就去世了，孩子，太快了点！不过不要紧。然后，"我在我选定的地方制造了一颗星球。我带走了高科技的大清帝国，留下与我们一模一样的人，以及那些木房子"。你"太坏了"，给我们留下的都是什么破历史啊，呜呜。作为你的"脑师"，我实在太喜欢你的这个"街角"了，虽然是一个"梦幻""穿越""科幻"三位一体的写法，却没有什么逻辑问题，也没有什么破绽。唯一一个小问题，我忽然想起来，是女仆。她是谁，为何有这样的能力呢？总不能是从树里蹦出来的吧？外星人？人智能？暗藏的科学家？你想想，是不是应该找一个身份给她呢？而不是简单地抱着我父亲的大腿。哈哈。当然，这个是小问题，供你参考。总之，你写了一部杰作。

2 街角·宇宙世界

雪穗·茗萱（朱硕） 六年级

我把自己埋在黑暗里，幻想着星辰。

我最喜欢这种全黑的世界。因为在无数个失眠的夜，睁开眼睛，可以分不清这是梦还是真——

我是“Time Lapse”（时光流逝）太空计划的女领航者。这次计划，目标是探索已知宇宙最大的黑洞——NGC1277星系的中心黑洞，它比太阳重170倍，距离地球2.5亿光年，这个距离大约是我们可见宇宙边际距离的十分之一。现在，我们的科技不足以超光速航行，可是这些距离对我们来说只是一个更高的挑战——毕竟，我们现在的发射平台早就不在地面了，发射基地也不在地球。

距离我们乘坐的宇宙飞船开始航行，还有一个月的时间。这段时间可不好过，所有的东西被演练了无数次。我向组织那边请了一个星期的假，整理整理我的思绪。

我回了家，回了地球表面，去看看我儿时居住的地方。那地方没有什么特别的地方，唯有那一块小街角，最美。还是原来的红瓦白墙，碧柳红花。我任凭微风吹拂我的头发，站在那里，看着风掠过翠翠的新柳。我想起儿时的玩伴，掷硬币来决定谁来买这一次的零食。我不禁笑出声，现在想想，只为小事烦心，还真是一件幸福的事。我在运动衫的衣袋里摸到一枚硬币，跟着意识将它抛向地面——“锵！”熟悉的一声。我的潜意识里突然有些不安。我拾起硬币，再次抛向地面。硬币快速落向地面，是正常时间的五分之一。

“重力异常！”四个字从我的嘴里蹦出。的确。我走到其他的地方尝试同样的做法，结果与正常结果一样。我犹豫着走向街角。摸向我童年时期摸过无数次的白墙。我的手掌完全贴上墙壁的瞬间，身子也滑进了墙壁。

我不知怎样穿上了宇航服。不过这宇航服高级多了，氧气含量可是我原来那一套的三倍呢！这还是最基本的，我也不多说了。

在我面前有几层楼，每层楼都有几道门。这里的世界失去了重力。我闭上眼睛，任随自己飘向其中的一层楼，一扇门。穿过门的时候，好像是穿过一种液体，有天生的清凉，掠过四周。

如果当时，我身后有一双眼睛看见那张缓缓合上的门，上面有些文字。那双眼睛一定会看到的文字是“黑洞：难度，五星”。

这是飞船！我坐在飞船上。我恢复了飞船里的重力，给宇航服加满了氧气容量，又检查了一遍数据。我坐在驾驶座上，吃了包食物。这时，引力波探测器“滴滴”地响了起来。我走向屏幕面前，屏幕显示：探测到了有史以来一次最强烈的引力波爆发。信号的振幅在反复涨落几次后突然停止，整个引力波暴只持续了几秒钟。超级计算机给出了数值模拟结果，机器人推断出了这次引力波爆发的源头——由中子星和黑洞组成的双星系统。但是，黑洞！DEAR ME！所有的指示灯全部亮起红色。

我现在离黑洞非常近，想要逃出这个不知名的黑洞，难度非常大。我的目标是黑洞旁边的一个星球。我草草查看了一下这个星系的地图——我很奇怪飞船里为什么会有这个星系的地图——这里不是我熟悉的太阳系以及NGC1277星系的地图。我怎么会来到这里的呢？不过应对眼前黑洞才是最重要的。被拉入黑洞，进入视界之前，我还有点时间用来逃离这个黑洞。

机器人衡量了一下这个不知名黑洞的大小，应该属于星系中央的中等黑洞。尺寸超过10000千米，但比普通黑洞重了1000倍。在这里，我驾驶飞船非常困难。因为黑洞转速很快，相应的，引力就非常大。飞船必须有足够大的离心力才能与这黑洞的巨大引力所抗争，从而不被毁灭。这意味着，飞船必须以接近光速的速度行驶。而进入黑洞的时候，我不能保证在巨大的拉力和重力下，我的操纵杆和自动控制系统能不能正常运行。但是，我想，在这个黑洞里，有一个点的轨道运行速度是三分之一或四分之一左右光速。

我快没时间了。

不过我想到，黑洞里时间倒是慢慢减缓的。我拉动操纵杆，把一切设定为手动。我把船速提到最快，身子不由自主地向后仰。我开到黑洞的上方，喊道："机器人，降低速度！"

这船上的机器人性能很好，它可不会有什么晕船反应，我是说太空船。黑洞把飞船慢慢拉向下方。我数着秒数，慢慢绕黑洞周围一圈，在下落中，我感觉到了，这是时间的减缓，也是巨大速度的积累。这个黑洞是我运用"引力弹弓"效应最佳的黑洞尺寸，在这里，我不会被潮汐力撕碎。我说道："机器人，准备加速，偏转轨道。判断周围环境是否可以运用引力弹弓效应。"

我在自己的肺里吸足了纯氧，甜甜的，很清新。"可以。"机器人回答。

"加速。"我命令道。

我的头不自觉地往后一仰，太空驾驶座的椅子支撑住了我的重量。在这一段时间里，我的大脑没有任何记忆，我自己不确定我是不是昏过去了。应该是的，机器人在空调里加了一些清醒剂——我现在越来越喜欢这个机器人了，这不是个人形机器人，不过很适合我——所以我能非常自然地清醒。我问道：

“卡比（我给机器人起的名字），我们离开黑洞了吗？”

“已经离开了，主人的方法选得非常得当。”

我抽出一方笑容：“你这是在开玩笑吗？你的诚实指数是多少？”

“开玩笑的话，我的指示灯会亮。我的诚实指数是95%。”

“那这是不是那5%呢？”

“不是。”

“那就好。”

我笑着往驾驶舱的窗外看，那里有个我从未真正见过的景象。这个景象，把我的笑容缓缓凝固。那里有一个巨大的透明球体，引力透镜效应扭曲了周围的星空，里面挤满了漂亮的星云，尘埃带和恒星场。在透明球体的旁边，有着一道美丽的星系横贯而过。因为离得远，就像一条闪耀的带子，挤满了我的视线。

“卡比，你看见那个巨大的透明球体了吗？”

“我看见了。主人，那是什么？”

我继续看着那个球体，呢喃出一句话——“卡比，我知道不可能，但这的确就是，就是虫洞啊。”

卡比没有说话，应该是在模仿人类“默思”的神态，或许是在搜索与虫洞有关的知识。

“卡比，你知道吗？我们的宇宙，如果相对像二维世界的薄膜，它就叫宇宙膜。我们的宇宙膜的一角，被折了起来，又打通了一个洞，再被缝了起来，成了穿越宇宙的一种捷径。”

“卡比，虫洞不是一个可以自然发生的物理现象啊。”

“主人。我们可以进入虫洞并穿过虫洞。”

“怎么可能！卡比，你的资料里难道没有说明，虫洞不是静态的，不是永恒不变的。虫洞会诞生、会膨胀、会联通和死亡。任何东西，包括光，都无法在这么短的时间内穿越虫洞才不会被撕碎，更何况我们呢？”

“如果这是一个可穿行虫洞呢？”

“可穿行的虫洞一定具备某种负能量的的物质作为支撑。这些物质的能量至少要和光速，或者以近光速运动的物体穿行虫洞时所承受的负能量相当，有人曾经把这种东西称为‘奇异物质’。虫洞必须抓住这种奇异物质以保证自身的联通，前方的虫洞可以吗？”

“可以。主人，飞船探测到一种像主人所说的‘奇异物质’被填在了虫洞内部。我们可以进去了。”

“好吧，你来操作，把摄像设备打开。”

我们进入虫洞，周围的繁星，轻轻将我们包围起来。的确，这个虫洞没有将我们撕碎。“奇异物质”这种东西，应该是更高维度的人做出来并填入虫洞里面的。时间，对他们来说，只不过是一种像二维平面对于我们的概念来说一样的感受。时间，在这里慢慢地减缓，减缓。我试想，是否有一个地方，那星球的时间受到高维度的人操控，那里的时间，或许一个小时就是地球时间的七年。他们能够通过某种方式来到地球，向我们传达某一种信号……

快到了。

我们面对着的，是虫洞的出口，是某一个我好像见到过，非常熟悉又非常陌生的一个地方。它近了，再次近了。球形的出口出现在我眼前。我驾驶飞船，飞快地冲了过去，星星飞过我的眼角，不再回来……

是街角！我回到了街角里面！我突然明白了些什么。他们选择了这个地方！虫洞、黑洞、宇宙、一切的一切，都是以街角为入口和出口的。他们为我们构造了一个三维的空间，世世代代培养着我们，指引着我们。他们来了。

当他们来的时候，地球上的冰河来了又去了。冰河上的月亮一直隐藏着秘密。一波波的文明在银河系里起起落落。一个个帝国——奇怪的、漂亮的、恐怖的——兴起又衰亡，并将知识传递了下去。地球并未被遗忘。先前的他们，已经达到血肉之躯的极限。他们的机器变得比本身更优秀，因此新的演化过程自然启动。首先是他们的大脑，搬进了崭新发亮的金属和塑料外壳里；然后连大脑都不用了，他们的思想进入了新的躯壳。

他们的思想又摆脱了躯壳。他们已经成为宇宙之主，超越时间的限制。他们在星际中来去自如，可以像薄雾般渗入空间的缝隙中。

“你是我们选择的人类。”墙角里透出这个声音，“你愿意加

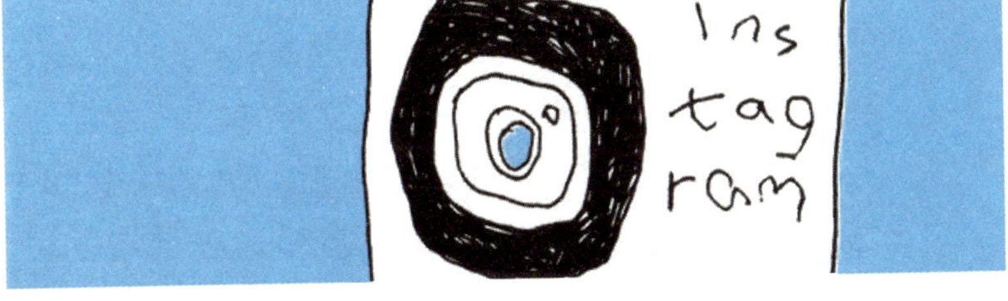

入到我们中间，成为一切的主宰吗？”

“不。”我轻轻道，“你知道人类最可贵的是哪一点吗？人类在探求这一方面，‘学不会去认输，也许只能背负。看不清眼前路，只能上前一步。’我还不愿丧失这一点。”

“人类也会成为主宰——我们只是需要时间。”我接着说道。

“不管隐身在星辰后面的，是什么强大的天神力量和主权，对于人类来说，当我们于末日回去之时，会决定什么该被拯救。”

我带着来时的清凉滑出墙壁，转身，看着墙角在我身后慢慢关闭、隐藏。

叶开老师点评：

雪穗·茗萱这个"街角"超越了一切街角，既是宇宙的街角，又是人生的街角，充满着浓浓的哲学意味。你的科幻小说确实越来越"硬"了，其中充满了各种精确的术语。你对"黑洞"的描述，包括引力波、视界、虫洞等，都很"硬"，不过有一个小小的缺陷，那就是比太阳大170倍的黑洞还谈不上是宇宙最大的黑洞，银心的黑洞，就比太阳大400万倍哦。这个，是不是很厉害？我也是查资料看来的。据说还有一个125亿年前（远）的超亮星系，其发光是因为一个超大黑洞持续吸入各种庞大的物质，发出的光超过4万亿个太阳。好在距离我们实在是太远了，以至于不可想象，也没有危险。地球所在的太阳系，这么躲在银河系的边缘，再加上银河系据说也是躲在宇宙角落的某个"不足20万光年"的"褶皱"中，像是一只草丛中的兔子，不容易被其他超大星系的高智慧文明发现。这样，银河系显得比较安全，是被动安全的概念。不像你这里写到的"街角文明"，他们已经脱离肉体的束缚，成为智慧生命，已经永生了。银河系就好像高速公路一闪而过的某个山坳中躲着的一个水洼，哈哈！这个想象也好的。那个从街角开始的时间旅行，很像《星际穿越》的景象，你处理得超棒。再回到街角，会有什么变化呢？你想到过吗？应该有某种时间上的变化才对，因为已经进行过时间旅行了。

3 我·世界

张小源（张源） 四年级

引

我在街上走着，李白在街上走着。

我去上学，李白去上朝。

我去玩，李白去写诗。

我吃饭，李白喝酒。

我在书上写下这些内容，耳机里单曲循环着一首歌：

Wandering What's happening happening today
Now now
I keep walking

Walking down this street

…………

根本毫不相关的两件事，哦——我根本不知道我在做什么，总之就是这样了。

第一章 一个电话

突然，我的手机一阵响，我接到一个奇怪的电话！我知道不应该接这种“骚扰电话”的，但是一看手机，他已经是我备注过的联系人了：诗仙？！上面配了一张图——一个写了“酒”字的罐子。可是我根本不记得我跟这个人说过话，但是他（她）毕竟在我通讯录里，说不定呢！我按了“接通”……

我在街上走着，李白在街上走着。

我去上学，李白去上朝。

我去玩，李白去写诗。

我吃饭，李白喝酒。

我去市场，李白去市场……

电话挂断了。

“what？”我看了看我胡乱写的东西，回忆了一下他讲的话。

“市场……”我自言自语。

我有一种怪异的感觉，然后恍然大悟：“他要我去市场！”

“他干吗叫我去市场？我为什么要相信他呢？”我想。

（在另一个平行世界里的李白）

一个人走了进来，一句话也没说，提笔在桌子上写了这样的话。

小源在街上走着，你在街上走着。

小源去上学，你去上朝。

小源去玩，你去写诗。

小源吃饭，你喝酒。

小源去市井，你去市井。

“市井？”李白刚喝完酒，本来昏昏沉沉的，一下子清醒过来，盯着这些龙飞凤舞的字，“此人要我去市井？走吧！”

他跨上一匹高头大马，就这么草率地出门了，头也没回，门也没关。

（我……）

我想：“正好我今天要去市场逛逛呢，走咯！”

我站起来，穿好衣服，拿好钥匙，关上门，下楼了。

此时，正午十二点。

第二章 市场的呼唤

我走向一家卖蔬菜的摊子，摊主向我笑了笑，她很早就认识我了，我不会说平湖话，她只能用接近平湖话的普通话跟我交谈，我经常到她那儿去买东西，摊主的平湖普通话慢慢转换成标准的普通话，我教了一个弟子！

到了一家冰沙店，老板娘很热情地招待我，很小的时候，妈妈经常带我来吃菠萝刨冰，她还抱过我。自然她对我也是非常了解啦，冰加多加少都不需要问，点好了直接叫师傅做，干净利落。

（此时的李白）

李白来到了他在市井最熟悉的一家卖酒店，一拱手，说道：“老板，好久不见！”

“太白兄来买酒啊？”

“是的，来坛黄酒吧。”

李白把酒绑在了马背上，继续骑马慢行。

“要我到市井来，没写市井的哪个位置啊。也没看清他的长相，好像是白衣服啊！”

他迷迷糊糊中想起自己幼年成长的蜀地仙山——峨眉山，当场吟诗一首：

蜀国多仙山，峨眉邈难匹。
周流试登览，绝怪安可悉？
青冥倚天开，彩错疑画出。
泠然紫霞赏，果得锦囊术。
云间吟琼箫，石上弄宝瑟。
平生有微尚，欢笑自此毕。
烟容如在颜，尘累忽相失。
倘逢骑羊子，携手凌白日。

这并不是李白现作的。在李白出川之前，曾到峨眉山上游览过，这回猛然想起这首诗，他兴高采烈，认为自己真的会遇到仙人，说不定真的是骑羊子呢？

第三章　错位

突然，时间停止了，两个平行世界，我的，李白的。

我惊呆了，看着旁边的人，他们都不动了，我惊讶地又望着自己，哎哟奇怪了，好像只有我能动哎！

“你将……转换到……唐朝……直到找到属于你的诗。你的剑上有一个小珠子，翻过来，你就可以回来了。机会只有一次，否则你就再也回不来了，人们会渐渐淡忘你，去吧。”耳边响起了一个声音。

“可为什么是我？”我叫起来。

一下子旁边的景物飞速旋转起来，我晕了过去。

（此刻的李白）

突然什么都静止了，天上裂开了一条缝，李白被吸了进去。

第四章 我——拔剑四顾心茫然

“啊！”我醒了过来。只见自己趴在酒罐子上，穿着宽大的袖袍，身上挂着一把佩剑，桌子上摆着“随手”创作的诗。

“我乃半个李太白也！”我叫道，“作诗不易乎？非也！非也！”

但是我既为小源又为李白，我的思想和李白的思想各占50%。

“我得去求个官啊！”我的半个李白想，“现在就走！”

我骑上高头大马，奔波于各处官邸，可是一天下来什么收获也没有，我又想起了上次玉真公主把我推荐给皇上，然后就不了了之了。

我很伤心，我的伟大志向始终实现不了，我喝了一杯酒，唱道：

金樽清酒斗十千，玉盘珍馐直万钱。
停杯投箸不能食，拔剑四顾心茫然。
欲渡黄河冰塞川，将登太行雪满山。
闲来垂钓坐溪上，忽复乘舟梦日边。

我被皇上、公主、大臣逼得寸步难行，就像走蜀道一样：

行路难，行路难，
多歧路，今安在？

我发泄得差不多了，心中又燃起一丝希望：

长风破浪会有时，
直挂云帆济沧海！

第五章　李白与“仙界”

“哇！这就是仙界啊！”李白叫道。他的叫声引起众人的侧目。

他走进一家奶吧。

“这位同学想喝什么啊？”服务员热情地招呼着。

“给我来一碗酒！”李白说。

“少年儿童不得饮酒。”服务员摇了摇头。

“我是儿童？”李白惊讶极了，“我返老还童了，果然是仙界！”

“随便！”李白只得这么说。

“自己点吧。”

“我只想要酒，没有酒我也不知道喝什么了。”李白哭笑不得。

“哈，你这个小孩子真是有意思！”服务员笑了，给了李白一份清单，付钱时李白摸出一张“毛爷爷”，问道：“不知道这些纸张可否替代碎银使用？”

“当然可以。”服务员乐开了花，接过“毛爷爷”，仔细对着光看了又看，找给李白好些纸张。

“可否用碎银代替？我实在装不下那么多纸片。”

“没有。”服务员把李白点的奶茶递了过去，砰的一声关上了门。

这个服务员对着前台的人说：“真心累啊！现在的小孩子怎么都这么奇怪啊？”

“这家店真好，纸片还可以替代碎银使用！仙界就是好！”李白想，李白喝了一口珍珠奶茶，“嗯，味道还不错！”

（地点转换：市场）

“毛笔不大好用了，买几支回去。”李白自言自语道，走进了一家文轩舍。

“贵店卖笔？”

“我们有水笔、铅笔、毛笔、蜡笔、可擦笔……”

“烦劳店家。”李白拱着手说道。

“啊？小孩子不要这么谦虚可以吗？”店主突然紧紧抓住了李白的手。

“可否让我一一看过？”李白提高了音量。

“好……好……”店主无奈地指了指了一边的货架，“那儿！”

一个小时过去了。

两个小时过去了。

“嗯……下次再来啊！”店主被李白折腾得筋疲力尽，倚靠在门上快睡着了。

“嗯，好。”李白走了。

“再也不要来了！”店主对着李白的背影小声说道。

“啊哈！真的，仙界就是好，连市井的人都这么友善。”李白想。

第六章 我辈岂是蓬蒿人

我醒了，都不知道是怎么睡着的，望了望四周，只听院子里一片欢腾。

“皇上下诏，李太白长安供奉翰林！”一个声音宣读道。

“啊？我不会是在做梦吧。”我从床上跳了起来，狠狠地掐了自己一把，好痛！

“耶！”我叫道，“快快置办酒席，我要请老友热闹一番！”

席上，孩子们牵着我的衣衫，微风吹来阵阵稻香，我唱道：

白酒新熟山中归，黄鸡啄黍秋正肥。

呼童烹鸡酌白酒，儿女嬉笑牵人衣。

高歌取醉欲自慰，起舞落日争光辉。
游说万乘苦不早，著鞭跨马涉远道。
会稽愚妇轻买臣，余亦辞家西入秦。

我借着酒兴唱出了最后一句：

仰天大笑出门去，我辈岂是蓬蒿人。

诗毕，我笑了，仰天大笑，我找到了！我找到了属于自己的诗！只属于自己，那么豪放，那么自然。

兴奋得想舞一通剑。

我抽出佩剑看了看，发现了一个凹凸的地方——一颗小珠子。瞬间想起了那个声音说的话，我转动了一下，顿时发出耀眼的光芒，我瞬间被光芒笼罩住了。

“什么是属于你的诗？”

“《南陵别儿童入京》。”我笑了笑，我其实诗名还没有想好，随口说了一个。

“为什么？”

“因为……”我想了想，“因为，这种喜悦感，这种酣畅淋漓，我以前从未体验过。这可能才是真正的快乐，我一直想要的快乐。这也才是真正的自信。以前老师要我们自信，又说我们自以为是。让我们处于尴尬的境界，那个自信是不真实的，束手束脚的。

这个自信，从根本上就信任了自己，做一件事情一旦决定了，就再也不去多想。有点痴狂，却也有着正常的理性。不像去菜市场买菜连‘一块钱豆腐’都说不出来的‘假自信’一样。这种自信是敢说敢做的，所以——”

白光在我周围越转越快，越转越快，噗的一声，我回到了我房间，耳机里，播放着：

My world

You are my life

Now I wake up every day with this smile upon my face.

我小声说道：“所以我要把这首诗献给自己。”

楼下蝉鸣阵阵，夜，一片寂静。

我，世界。

叶开老师点评：

小小的街角，惊人的穿越！平湖张小源和大唐李太白互换了灵魂，体会了一把不同的生活。那个“小源/太白”在大唐，要求个官，得个供奉翰林，兴奋啊，吟诗啊，“仰天大笑出门去，我辈岂是蓬蒿人！”太涨志气了。你说得对，自信！三个自信！但是李太白的三个自信是怎么来的？不是天上掉下来的，对了，确实是天上掉下来的啊——如果不是唐明皇宣他“西入长安”，他哪来的自信？“会稽愚妇轻买臣”呢。这个实在是现实啊。你在“小源/太白”这个互换灵魂的结构里，塑造了一个平行世界，于是，就大大不同了。一个小学生读唐诗要是真的都读到这个程度，那才是真正的“高效学习”呢！更准确地说，你写的是时间穿越和灵魂互换，总之，不知道什么按钮，什么结构，李太白和张小源就灵魂互换了，而且不是百分之百互换，而是百分之五十互换——在李太白的身体里，张小源的灵魂也占有一半。李太白来到了张小源的身体，而张小源变成了李太白。这种错位，是小说中产生趣味的主要方法，可以看得出你前一次背诵古诗说要参加什么古诗词比赛时，着实背诵了不少李太白的名诗啊哈哈。而且运用得很妥帖，反正比我更熟悉。你在写作中受到沼泽那种饶舌的影响，动辄写一段顺口溜。好像徐鸣泽也爱上了这么“胡诌”。其实，“胡诌”就是很愉快的事情嘛。这里我觉得，你要注意那个“声音”，为何你能突然灵魂互换？不要突然，要有道理。比如，你实在讨厌现实了，你要去古代，是一个理由。你看狼昨写科幻，那些穿越都是有理由的，例如人工智能、修改历史还有“穿越者”，他们是可以调整、监控时空的文明，这样说比较妥当。你甚至可以去找狼昨说想逃离现实世界，然后狼昨“闷闷不乐”地交给你一个按钮，说：“按一下，你去唐朝，按两下，你回到现实……”诸如此类的，你要考虑穿越的技术问题，这个也不是越瞎掰越好，最好玩一个“机关”，弄得跟真的一样。

4 我世界
——又名《Foodies Utopia吃货乌托邦》

木木水丁（林汀） 七年级

喜欢一个乌托邦。

它是完美的？是我创造了它？

现实世界于我来说是一个另类乌托邦。

它是我世界原型，我世界是它的影子。

——题注

“老鼠药……蟑螂药……蚂蚁药……老鼠笼……”此起彼伏的

街角叫卖声似乎一直绵延，我曾经看到一个挑着货担的老伯从我们家公寓楼下经过。记忆中我们家从来没有在他那里买过家庭害虫药物，也许是因为现代小区不需要，也许妈妈是买过，也用过的。后来，我在街角看见一个推着自行车的背影，准确来说是由自行车改造的三轮小货车，货架上的老鼠笼像积木一样堆起来，一个喇叭吊在货车上来回晃荡吆喝着，却无从发现广播的药物在哪里。是的，每次和这些背影匆匆邂逅，但从来没看见有人停下脚步购买三轮货架上老鼠药啊蟑螂药啊……但是一次回家的时候，在我们公寓楼的大厅里，看到保安叔叔提着一个黑笼子，里面关着一只老鼠，噢不，是刚洗过澡的松鼠。

在我所居住的城市里，这种叫卖货物的老人很常见，但也仅仅限于叫卖这些商品。还有一种商品也是以这种方式呈现在我的记忆中——“回收旧手机、破手机，回收。回收旧手机、破手机，回收。”这个声音不定时出现，在安静的十二层楼上面，我在描字，两种叫卖声偶尔会划破安静的天空。

好吧，我的世界也不安静。大路上汽车的喇叭声，街道两旁娱乐场所凶猛地震出卡拉OK《小苹果》，还有其他很熟悉旋律但是不知道歌名的曲子。出生以来，我就住在这个公寓里，我习惯了周边的各种声音，阅读的时候，描字的时候，我感觉不到外面的声音，但是同学们来我家时总是会抱怨几句：“这个大楼周边有电影院太好了，就是有点吵。”

这就是我的世界。

我们居住的公寓大楼严格来说是一个写字楼，进进出出的大部

分是公司职员，生活居住的人口比较少，大概只占三分之一吧。公寓大楼的二、三层租给酒店，卡拉OK的声音就从里面震出来。但是，也赚了很多公司年轻职员的八小时之外的钱。

楼下有各种美食小吃：一鸣真鲜奶吧、粒粒够、十足、猪扒包，暑假我喜欢在这些地方解决中饭，虽然妈妈反对。除了美食小吃外，我们家楼下也有正式用餐的地方：万岁寿司、百胜蜂。有一家名为羊肉砂锅的饭店，不知怎的被我妈命名为“小强”。小强是蟑螂的俗称，我好几次“考古”妈妈的称呼，那家羊肉砂锅如何会被称为“小强”。那里也不脏，至少我没有遇见过蟑螂，但是我与妈妈也不得而知如何给了羊肉砂锅起了这个外号，而且叫起来特别亲切。妈妈跟那家店的店主关系挺好，通常会打包羊肉汤到家里给我煮面，味道与“小强”有什么区别？我不知道，但总感觉家里烧出来的味道总比不上“小强”制作。

我家公寓楼下靠东边有一个奶吧。几年前的六一儿童节，爸爸在一鸣真鲜奶吧办了一张会员卡，代号是“61”，从此购买无须现金，只要刷卡。这是前支付宝和前微信时代最方便的支付方式吧。所以，每天早上我都会出现在一鸣奶吧。早餐两个面包、两杯酸奶；每天放学回家，路过一鸣奶吧，也会进去坐坐吃个面包，顺便写作业，然后慢悠悠地回家。妈妈是家里的食品安全总监，她是非常不支持我吃一鸣奶吧的汉堡、鸡肉卷，所以下午放学后路过的时光是我购买妈妈所禁止的食品的黄金时间。一鸣奶吧里有奶茶、冰沙等垃圾食品，我可以光明正大利用爸爸为我定制的代号“61”卡来购买妈妈禁止的食品。但是现在，当我完全可以自由购买这些垃圾食品的时候，我发现突然丧失对它们的喜爱之情了。

公寓楼下通往大马路的巷子里有一个长头发叔叔推着简易的食品车现场制作肉夹馍。当然，这个街边的地摊食品是逃不过妈妈的法眼的，但是偶尔也会允许我尝一个，味道极好极香。后来是两年前长发肉夹馍叔叔租了我家旁边的巷子里的一个店铺，开始像模像样地搞个体专卖营业，这害得我有一段时间在放学上学的路上，默默寻找路边肉夹馍的推车，后来居然被我发现藏进了店铺中。进了店铺的肉夹馍我几乎没有买过。“那里的肉不好。”妈妈是这样说的，但是我们会买一些白馍，回家往白馍里面塞各种肉，妈妈牌肉夹馍似乎没有长发叔叔的味道。而现在我早已模糊了两种肉夹馍的味道，前几天在北京，我尝到了潼关肉夹馍，那不是温州的肉夹馍，也不是记忆中巷子的味道了。

从我家旁边的巷子往北走，有一家猪脏粉店。猪脏粉属于少数我认为好吃妈妈也会认可的食品。一碗猪脏粉融合了鸭血、猪脏、大葱的香味，特别香。去猪脏粉店，最有意思的不是吃，而是站在滚开的猪脏粉大锅前，看师傅们是怎么把粉条涮进锅又捞出来配进香香的猪脏。粉条捞出来那一瞬间，浓厚的猪脏粉汤汁顺着一排雪白的粉条滴落下来，再装到碗里……小时候我常想织一条雪白的猪脏粉围脖套在脖子上，想吃的时候扯下，蘸一下猪脏粉汤溜到肚子，那才叫爽。可惜现在那家猪脏粉店关门了，代替它的是不那么地道的羊肉泡馍，再后来是馄饨店更换了羊肉泡馍……大个的馄饨据说是杭州、上海的特色，不是温州小馄饨的味道……

公寓楼的后面矗立着财富中心大楼，也是一个写字楼，楼盘的价格比周边的都要高，妈妈回忆是在我出生的那年落成的。它的对面是时代广场，这两大在温州屈指可数的购物商场隔街相望。时代广场前面有一个小庭院，我到现在还会有模糊印象，小时候经常到那里玩。时代广场原来有一个肯德基店，但是现在早已不见了踪迹，只有它的老伙伴星巴克在依然逗留。而财富中心大楼里面的王品牛排、全是沙拉，都是我喜欢的味道。

财富楼下有个水果店。财富中心里面是不让带食品的，我常常看见在大楼里工作的员工拿一个黑袋子遮住食物，带进办公室。很多水果店是一排排单调的货架，里面的水果像跳蚤市场一样堆在一起，夏天的时候苍蝇飞舞。但是财富的这家水果店是绿色调，名字普通得不能再普通：农夫果园。我们家经常在农夫果园买水果，我每天要去那里买个椰子，店老板夫妇对我们非常熟悉。前段时间我和妈妈去北京，回来的时候听爸爸说水果店的老板不断询问我们的去向，大概是因为那个每天买椰子的小孩好久没来了吧。这个夏天，周边的巷子又开了好几家水果店，不知为啥全是黑色调的。经营水果店的是年轻的特别搞笑的哥哥们，里面里水果拼盘也特别有创意，特别新鲜，特别有时代感。好像是未来的穿越者，和农夫果园的风格完全不一样。

水果店旁边是个网吧。看着还算温馨，妈妈总是会说那里有各种唯利是图之类的人物存在。隔着玻璃可以看到一排排电脑还有前台的饮料名。我很想进去一下，不上网，只是单纯去买一杯饮料，但是这个念头被玻璃门把手上威严的“十八岁以下不准入内”挡在门外。从我家十二楼看过去，网吧招牌下面的广告时而模糊，时而清晰，我一直把它当作测评OK镜视力矫正效果的检测工具。

水果店与网吧旁边延伸出另外一条小巷，温迪北巷，通往温迪路。有好几家服饰店，我与妈妈这些不逛服装店的人是从不会光顾的。但有几家饭店还是不错的。一家小吃店“小胖墩瘦肉丸”是妈妈以前的同事开的，销售各种卤味小吃。妈妈很喜欢里面的水果羹，我喜欢里面的肉饼，我好多同学喜欢里面的卤猪蹄，每次外出游玩总会来这里买上一大堆……每次推门进去，那一系列味道扑鼻而来。

我们偶尔还会光顾旁边的沙拉店，再旁边是一个抹茶店，最近很火，好像名字是“初代”，也不确定这是不是它的名字，是日式的甜品店，我喜欢那里的甜筒，虽然我并不喜欢抹茶，但喜欢它的日式装修风格。

温迪北巷与温迪路的交界口就是百胜蜂了，韩式烤肉店和百胜蜂对面而立。这两家店以前是我的最爱，但是现在似乎吃腻了。街角的另一边是两家天天中餐厅，分别坐落在街角的两边，一家装修新潮点，另外一家菜式品种多一些，也是我们家最常去的餐厅之一。夏天推出杏仁腐等等冰饮，于是这也是我喜欢的餐厅了。

“天天中餐厅”旁边有家新开的温州传统民俗食品店，名字大概是“肯味你”（我常不记店名）。妈妈介绍了好几个她小时候吃过的民俗食品“麻油鸭、口水鸡……”买些回来尝一尝，她总是摇头说没有小时候的味道。我喜欢边看美剧边啃着麻油鸭，美式和温式两种风格搅和在一起，有点光怪陆离的感觉。

在“天天中餐厅”与“肯味你”中间的“阿姨奶茶”是同学们喜欢的地方，但是我没怎么去，原因不解释。

温迪路变了……传统餐厅、西餐厅、日本寿司店混搭在一起，说不出的感觉。温迪路旁边的巷子曾经有一家新华书店，现在消失了，还有几家书吧，都不见了，记得五年级的时候，我经常到里面看书的。六年级的时候，有一天我突然找不到书店了，不断冒出来的是各种新餐厅，我们会去尝试。我们总是通过网购来解决生活用品，但是唯独食物例外，我们和原始人一样是必须要出去觅食，哪怕妈妈在家里做饭，也要去觅得好食材。

来我家玩的同学，总会说我家的视野好。一眼望去，温迪路、温迪北巷和其他无数条不知名的温州街道小巷尽收眼底，最远可以望到温州大罗山。但我是喜欢拉上窗帘的。街道两旁那些新开的商店总是让人回忆起以前的小店，但是有时候回忆会短路，恐惧感则来临。爸爸会笑我小小年纪喜欢回忆往事，似乎很沧桑，似乎无能为力，看到过去，看不到未来……人类熟悉的恐惧感与空虚感纠缠一起，幻化成一种最熟悉的世间百味，在键盘的敲打声中萦绕盘旋。

楼下卡拉OK旋律再次响起，又熟悉的歌，不一样的感觉，Utopia！

我世界。

作者注：写这篇文章的时候特别失落，每一个词语都是我很熟悉的，把它们记录下来像把我的一切交给电脑的文档，特别厉害，特别恐怖，特别怀念。我用了短短不到一个小时的时间一气呵成，因为这些文字早就在我每天的生活中存在。我知道这些话很肉麻，但这是我真实的感受，成长。

叶开老师点评：

又读到了林汀文笔细腻、情感丰富的文章。在你的笔下，"我世界"或者"吃货乌托邦"，如同细雨滋润般，不断地出现，各种小店，吃货最爱的美食，写得超极生动。尤其是"小强"那家店，你的议论很特别，因为大家都知道"小强"是"蟑螂"，为什么妈妈会叫它"小强"呢？你"考古"了一下，但是没有考古出来。这个很好，不是什么都能"考古"出来最终的真相的。这就是生活，生活不一定有终极的真相，而那些细节，那些人、那些店、那些美食，就是真相。包括，你写到的内脏，哈哈，我就爱吃“下水”，大肠小肠心肝肺都爱吃，好恐怖的老吃货。哎呀，我还要说简体字的“内脏”代替了“内臟”的“臟”实在让人习惯不了，“臟”是“臟器”，不是“脏器”啊。至于“回忆”真是每个年纪都应该有回忆，可以回忆，不是老人才能才有资格回忆。写作，跟这种生动的记忆密切相关。祝贺你写出这么棒的作品。有真情实感，有记忆，凝结成珠，写作就是这么愉快。

5 捏造世界

沼泽（王赵哲） 五年级

序言 当3+1不等于4时

这个世界有3+1维。

多出来的1维就是时间。

当时间融入空间里去的时候，时间之箭会跟空间一样，挪用，占用，膨胀，压缩，错位。像沙滩一样，沙子流动性，可塑性都很强。

我可以生活在2017年，穿着唐代的服装，在中世纪德国城堡郊外的美好下午放羊，用电视观看16世纪君士坦丁堡围城战现场直播，然后对着一座英国老式电话亭，注视着它与空气融为一体，消失在雪夜中。

第一章　　美食节目

巴克兰笑了笑，对庄主大人抛出个笑容。

庄主笑了笑，倒出乌龙茶，放入两块方糖，对他说："明天的电视美食节目，你准备好了吗？"

"当然了。我的表现是不会辜负主持人的称赞的。"

半个小时后，巴克兰出现在BBC广播大厦门前。

"今天呢，我们有请地质学家兼古怪美食家威廉·巴克兰。"节目主持人说。

"非常感谢。我非常荣幸能到这种高端美食节目中做客，希望我的表现不辜负主持人的称赞。"

"那么你给我们带来的第一件物品是什么呢？"

"第一件，我带了一样非洲的美味：烤豹子肉。"

巴克兰拿出一些肉，放在桌子上，主持人微微后退了几步。

"第二件，所有在观看节目的农民们，你们的救星到了！我带了面糊耗子和烘豚鼠。"

"有点恶心。那么第三件呢？"

"我带了一样珍稀的法国美味。"

"松露吗？"

"不是。"

"有什么法国美味比松露还要稀有的吗？"

"路易十四的心脏！美味啊！"

"该不会是假的吧？"

"不不不，这是经过处理的法国国王路易十四的心脏，我从盗墓贼手中买的，很美味的。上菜了！"

第二章　街头

无论是街头巷尾，对于浮生来说，一点都没有问题。

老铁，没毛病。

东方的太阳还在床上挣扎，在地平线上露出头发，西边白色的月亮已经标志着下午四点到了。

他走在石子路上，没有注意过广告屏上威廉·巴克兰的样子。

他的思想集中在面前那三个小黑点上。

虽然现在的世界可以允许一分钟内半边太阳，半边月亮，然后天空中下起冰雨，雷电从太阳到月亮之间选出一条路径，劈开双面人的脸。

那三个小黑点很不协调，就好像不存在的，像一个后期编辑在影片上点上三个黑点。

黑点变大了，黑点是不透明的，但是看上去是二维的。你转过去，就像一张在半空中的纸片。

可是，你伸手，黑点就会穿过你。

黑点再也不是黑点了，从里面走出来三个人。

不知道是怎么走出来的，好像黑点在那一瞬间变大了，然后又缩小了。

更贴切的说法是，一个投影刚离开黑点的表面，立刻扩大成为人的样子。

当代（也不能说是当代，就是当前的过去，准确地说是当前未来的过去。其实，当前、未来、过去都融为一体了，没必要纠结这些）社会学家坷垃德在2744年发表了一个著名评论：“一个社会的问题，在街头就能看出来。”然后，由于在街头露天演讲时违反了《污染法》中声音污染的条例，被处罚并刑事拘留。他没搞懂。一个社会的问题，在街头就能看出来，可是我在街头的时候并没有看出我有问题，那么这个社会已经病态了。然后，他自杀了。

“这说明正常的社会本身已经病态了。”三天后，另一位社会学家在2124年说道。然后，他也自杀了。

“那么其实正常的社会本身是病态与正常的结合态。”一个小时后，权威专家在世界毁灭时说道。然后，他被世界末日毁灭了。

第三章　分裂的月亮

由于过去、现在、未来，都融为一体了。现实世界（现在现实世界的定义为目前眼睛看到的世界）中，上一秒是野猪林，下一秒是城堡，可以说，是所有可能项目的集合，就像薛定谔的那只猫一样。

可是，科学家们至今无法解释“薛定谔的猫”。

至于世界如何变成这个样子的，科学家只能说一个过去的某个时刻，$t=0$的时候又来了。

所以说，月亮时刻是熄灭的，又亮起来，像一只接触不良的老日光灯管。

弱弱问一句："月亮不会坏吗？"

香蕉皮不要扔过来！我只是开个玩笑。

算了，由于场面过于混乱，还有丢榴梿的，你们乔治时代的英国农民珍不珍惜啊？

本文结束。

叶开老师点评：

我也不说啥了。整个故事读下来，不禁为沼泽这个唠嗑好手的语言之轻松之愉快所折服。我先表扬"美食节目"！烧烤豹子肉、烘豚鼠什么的，都算不上黑暗料理，但是，路易十四的心脏，这就真的是恐怖黑暗料理了。但我猜你的"烹调技术"不太高明，甚至不太懂。路易十四的古董心脏可以有各种做法，切碎了爆炒松露呢？勃艮第黑皮诺红酒浸泡哀伤之心呢？或者苏格兰威士忌冰镇铁石心脏呢？哈哈，怎么样？我后面没有太明白，三个小黑点出来了又消失了，这是啥意思呢？接着是社会学家认为……什么的，这个是啥？时间和空间融为一体了，那么如何展开叙事呢？叙事需要时间的“容纳”。薛定谔的猫，还是很难理解啊。我承认，你的语言又更加提纯了。有些句子很迷人，如“现实世界中，上一秒是野猪林，下一秒是城堡。”哎呀，语言好就一切都好，这个么办法。刚刚学到一个名词，就把你当作“科幻科普小说”代表作家好了。

6 静默森林法则
——一个凌驾于“黑暗森林”之上的法则

贝壳（张倍宁） 六年级

作者自序

灵感源自生活，抄袭源自习惯，用梗源自风格。

一 贝壳最帅

泽躺在空气中，依靠旁边一个小装置的悬浮技术，使得引力对泽毫无用处。他听着旁边的最新的流行电音，是Justin和Alen三百岁以后最新合作的曲子，是融合了卡农的因素，将流行乐与古典乐巧妙交织在一起却令人赏心悦目的奇迹。可以说，这令很多古典音乐家渐渐转向了流行，也导致了一些大提琴之类的声音几乎消失在人们的耳畔，电子音乐逐渐占领人类的精神中心。

泽身体不算修长，但有些瘦是真的，一头垂直而黑的油亮的发，斜飞的剑眉，散发出傲视天地的强势。他修长的手指上拿着iphone 114 plus，在那个平均月收入高达几万的富裕时代，iphone 114 plus即使高出天价，照样是人手一部。

没有暴乱，人民富裕，寿命大幅延长，近乎完美的一个理想，乌托邦。

但怎么可能会有完美呢，黑市，是社会发展的最黑暗的一面。

就像太阳照在你身上，你的背后总是会有影子的一样吧。

泽就是这么一个人。

有思想，反转思想角度的一个人。

从二十古世纪一直活到现在的人，大都是这样。

当每一个人都干着同样的事，做着一样的工作，完全的公平竞争，每个人的审题经过改造后只可以做出一样的能力，就是人类的极限。但这样，越完美，他的缺点，也会变成过于完美。

每个人，全部都是一个思想，只做自己本身该做的事情，没有特长，音乐家只玩音乐，机械师只做机器。这样的结果，就是把一个微观的蚂蚁或蜜蜂社会放大到宏大无比的效果。

他走到街上，如今的街上已经是空无一人，科技的发达可以让他们足不出户，也可以模拟全身的感觉系统，去世界各地的著名景

点游玩，甚至能够模拟味觉和打架；更可怕的是，由于人类越来越蜗居在家，已经没有人出去，除了参观之类的，很多人类甚至早已不适应户外的环境。在矿质不足够的情况下，我们无法造出中古世纪著作《银河帝国》里那样的钢穴，我们只能在各个星球同时吸收大量的太阳能来形成巨大的能量罩，罩在地球的上空用来自我控制空气的温度和湿度，同时形成了安全保障——没有核战及大气层的温室效应问题。

这个伟大的想法是爱因斯坦想出来的。

在泽19岁时，由于量子力学的突破，医学在微观细胞上取得爆发性的进步，2045年这一年，永生，起死回生，统统在这一年实现。泽凭借着鲁迅儿童文学奖被认为是社会精英，拥有了W3的特权（等级分别为P，O，W，E，R，每个等级从1到10，W3已经是非常好的了），几乎可以保证他一辈子衣食无忧——他有永生之特权。造成人类大量地整数溢出，目前很多人去了木星，这颗拥有63颗卫星的行星，现在又多出了一颗人造卫星，也就是“掩体计划”，防止黑暗森林带来的黑暗。真不敢相信这群人会相信黑暗森林，而且那人不觉得“掩体计划”对高维来说不适用吗？泽总是会这么想。

但他还是移居到了这个卫星（别问我为什么，沼泽无厘头，他爱干啥就干啥咯），名字叫作小羊四星，是因为历史上有个叫作小羊的人打桥牌神机妙算，连续117年拿了太阳系贝壳杯桥牌冠军，贝壳杯是世界上等级最高的桥牌比赛，拥有最权威的裁……咳咳，扯远了。

看不出来的是，这个少年泽已经594岁了。

走出这座高大无比的建筑，右手边就是一个小饭馆，名字起得倒是有点意境，叫作“黎明的黄昏”。

一看就是名字有意义的餐馆。

总觉得有点凄凉的感觉。

因为泽总是有出去走走的习惯，直到一百年前，这里新开了一家餐馆。

泽太熟悉这里的环境了。

几乎一成不变的穹顶，一尘不染的街道，还有远处一片森林公园，但大家几乎不去了，一天的客流量也就寥寥几人。

他慢慢走到这家餐厅面前，东风吹得他很是舒服，他缓缓地叩了叩门。

“客官，您请进。”这估计是个公元人，已经到了中年（永生实现后，几乎没有中年人了，小羊四星大都是少年，虽然平均年龄188岁）才实现的永生技术，因为他使用了“请”字和“客官”，在这个“自我即世界”的现代文化价值观中，“请”这个字，科科，出现率从平均20句话一次降到了200000句话一次。

沼泽慢慢地走进餐厅，这餐厅还是21世纪的建筑风格，不像现在的孩子们造出的都是千奇百怪的圆形，竹笋、水珠，只有你想不到，没有你见不到。

“您去VIP座位么？”

“嗯，账号周小羊（这是化名QWQ），密码僵尸。”

“请入座1号位。”

座位还是跟以前一样，所有的东西上都大写着“贝壳最帅，最聪明”。但泽一直不知道贝壳是谁，也不相信贝壳会比泽聪明，但不得不承认的是，到处都是贝壳：贝壳杯桥牌比赛、贝壳海、贝壳星、贝壳杯篮球赛、贝壳杯编程赛，走到人多的地方，所有的地方全部都会被刻上大写的“贝壳最帅，最聪明”。放眼望去，全部都是贝壳，贝壳，贝壳和贝壳，但泽也不知道这是为什么。

这时VIP区又走进几人，坐到了泽旁边。他们分别叫作一昨、二昨、三昨、四昨和五昨，值得一提的是，他们都是男的，威武雄壮，每天都锻炼三个小时，一切都源于当年这五个兄弟报了一个每天三个小时的运动班，一个半小时的跑步，达到要求了，奖励一圈；没达到时间的要求，惩罚十圈，而且时间乘以二，正是这种虐待促使一昨、二昨、三昨、四昨和五昨长得像个微型巨人僵尸（这是他们自己说的，他们最喜欢玩植物大战僵尸11了，里面最强的植物终极巨型核导弹激光枪二百五十种贝壳射手深深地吸引着他们）。

二　盗版权的贝壳

咳咳，让我们继续在电脑前吃瓜子，并且言归正传。

上回书说到……电脑屏幕上的二维泽活了好多好多年，来到了世界上最最最最强势的，最最最最最炫酷的小羊4号，贝壳最帅，最聪明的世界，并且认识了一昨二昨三昨四昨五昨（算了，当我没有说这段，这段纯属无聊）。

“什么风把国防部部长吹来了？”爱管闲事的一昨说着。

“说那么严肃的话题干吗？我的世界3现在又出了一个新植物叫作枫树，据说可以吸引萤火虫来制作以前很难做成的萤火虫灯了。”爱玩游戏的二昨对一昨大吼了一句，又转头对着泽说。

“你就知道玩，你要知道，今天刘慈欣先生和阿西莫夫（已经被复活了，对不起，存在即合理）联合出的书今天发货了，书名叫作《银河系之贝壳最帅》，肯定特别好玩。”爱看书的三昨挥了挥手。

“什么啊，就知道读书，虽然说阿西莫夫复活了，但你也不能这么神神道道的，要多出去运动。我看今天有场篮球比赛，泽你有兴趣参加吗？”爱运动的四昨举起他强壮的手臂。

“喂喂喂，我说你们怎么这么闲啊？！人家国防部长肯定有要事的嘛，对不对，据说今天下午您要去参观黄金之心级星舰？”（我没看过银河系什么什么指南啊，纯粹看着泽的文章写出来的）爱科学的五昨看着泽。

诶，五个昨还是这副德行。

“喂，在别人说话时插话是不对的，知道吗？”

“什么规矩，我怎么没听说过啊。”

“真是笨蛋。”

“你们三个吵什么吵，影响到人家了。”

“我不管我不管。”

“不听不听，王八念经。”

“什么啊！”

“真是的！”

无厘头的泽拿起一分熟的牛排，就跳窗走了。

不走寻常路，我喂自己（代言）。

说罢拿起一个盐袋子往牛排上一撒，一口吃了下去（哈哈哈哈哈哈哈哈哈）。

哇哇哇，好咸啊！

泽已经跑远了。

其实也不能说跑，作为有隐藏身份的国防部部长，R5级特权已经让他可以享有世界上最强大的贝壳牌自动鞋。总之，泽就那样站着乱动，以光速的百分之一赶向黄金之心级的星舰。

来到那个停放星舰的地方，广场上大写着：“给岁月以文明，而不是给文明以岁月。”

“这不就是照抄《三体》么，国防部长真是个傻帽！”泽咕哝道。

说到国防部长，你可能想起了什么，让我告诉你吧，这些东西，全部都是泽弄出来的。

没错，无厘头的泽。

我不管，我不管，我不管，我不管，我不管，我不管，我不管，我不管，我不管，我不管！这就是泽的内心世界了。

顺着一条“stuff only”的路，泽站着走到（没错你没听错，鞋子在走，泽不用动）了场地，里面的记者比虫子都多，泽放眼望去，哇！全是超大型的“狮子头”，“真想把那些头吃了，烦躁无比的俗世啊，我真想打一盘王者荣耀4来淡定一下自己的内心世界。”（在泽的内心中，王者荣耀在俗世之中好像是不存在的。）

泽打了个喷嚏：“有人在说我坏话啊……怎么这么阴险。”

作者此时也在打喷嚏。

“国防部长先生既然到了，我们可以开始对这艘最新的飞船进行采访了。”

泽的宠物鸟从别的地方飞了进来，停在泽的西装上。

“我觉得这艘飞船，好得异常。”

“完美得我想要把它偷走。”

鸟飞到天空中。

鸟屎如雨一般倾泻下来，泽大喊着：“做人要诚信！”

他把星舰开走了。

留下了主席一脸懵屎，秘书两脸懵屎，总工程师三脸懵屎，设计师五脸懵屎，以及记者一千零五脸懵屎。

“辛苦你了，科科。”泽对着鸟说道。

“不客气，不客气，嘻嘻。”语言翻译系统将鸟的语言翻译了

出来。

三　脑洞突然炸裂的贝壳

前方高能！准备好二百五十个呕吐袋！

翻译系统突然又响了起来，鸟说：“你不是说想把狮子头都吃了么，记者的头都在后备厢里。”

我去！！！

翻译系统上又显示：我不管，我不管，我不管，我不管，我不管，我不管，我不管，我不管，无厘头贝壳鸟风你是学不来的。

快把那些狮子头都吃了吧。

额……

我拒绝。

接受生物的馈赠是基本的礼仪。

你教我的。

我有一套骂人话不知该不该讲啊！

你爱吃不吃。

礼仪是公元人基本的素质，失去人性，失去很多；失去兽性，失去一切。这句话是你教我的，猛兽都是吃人的。

额。

我割人头这么累，你要尊重我的劳动成果，我手上有枪！

你是zz么！

你才是zz，zz是沼泽的简称。

算了，应该味道不差，我吃了吧（作者不解释，无厘头管它那么多）。

三个月的人头粮食，很快就吃完了，可是宇宙无处可逃。

泽也很无奈，每天听着广播，听着歌，听着红烧鲲鹏的广告，哦，还有人们对泽的评价。

“国防部部长做得很对，他不仅为国防建造了巨大的军事力量，还提供了超过百分之八十的协助，那个飞船是他的也不过分咯。”

“这下真的路转粉了，国防部部长好诚实啊，我也要这样教育我的孩子。”

“好感动，国防部长捍卫自己一己之力造出的星舰，也向我们揭示了如何捍卫自己应有的权利。”

“小羊部长好伟大，我们永远向他学习！”

“事情都是鸟干的，与小羊部长没有关系！”

现在的人都是些什么人啊。

算了，今天吃什么呢。

把贝壳鸟吃了吧，天知道它以后还要干出什么出格的事情。

贝壳百科：最后一只贝壳鸟

贝壳鸟，属贝壳鸟科，贝壳鸟属，贝壳鸟类，世界上一共生存过13只贝壳鸟，每一只鸟都极其珍贵，其鸟的羽毛呈现出七彩的颜色，在太阳光强烈的时候可以映射出彩虹(存在即合理，我不管我不管我不管)，最后一只贝壳鸟死于2600年，是被国防部长小羊吃掉的，他可能为此赔偿了动物保护协会200000星际币（折合约现在2

元人民币，不要问我为什么，通货膨胀就是这么厉害，我不管我不管）可是小羊部长由于钱财被充公了，大喊一声，“我没钱！”贝壳保险公司蹦出来为小羊部长付掉了这2元人民币，并且做足了广告。

相关贝壳百科信息：

贝壳保险公司 230页

国防部长 157页

星际币 3页

小羊 3870页

若想订阅每月更新的最最最最最最最新的《贝壳百科》杂志，请到贝壳强无敌史上最全杂志订阅官方部，上知天文，下知地理，左知贝壳，右知百科，到贝壳强无敌史上最全杂志订阅官方部，拨打电话：110–188–7415–7。

“贝壳鸟真好吃。”

“你的良心不会痛么？”电脑问道。

“不会，我还想把你吃了，你应该庆祝你只是一堆垃圾废铁。”

“哦对了，三个月前我就应该跟你说了，这宇宙之险恶，无处可躲。”

“你怎么现在才告诉我？”

“这样过去现在将人心惶惶。”

“有道理哦……个鬼啊，你不是能穿越时空么，我们应该庆幸黑暗森林的打击没有来临啊。”

“那自主选择一下穿越时间吧。”

“建议不超过三百万年哦……”

“自己选，你爷爷泽我有选择困难症。”

“……”

系统提示，穿越到135亿年前。

贝壳温馨提示：接下来的剧情更狗血。

按照剧情，小羊开了一家餐馆，并创造了宇宙。然后逃回当年，又穿越了回来。

好了，终于脱离泽的《宇宙开头的餐馆》了，累趴……累趴……接下来是show time!

飞船降落在一个人们编号叫作贝壳DX3906的行星，宇宙被创造后，一片田园时代，十维的广阔在泽的心中生根，泽再也不想要回去了。

“这颗是属于我的行星。”泽说着，这样的欲望人人都有。

这位泽还是很天真的，至少一秒前还是，接下来的一秒，史上最最最最最最最最狗血的剧情发生了。

一位皮肤白皙、短发的女士出现了，这长相也是个地球人，而且是典型的公元人。

她说了一句话，泽接下来立刻全身通电，倒地身亡：“儿子，你来了。”

什么玩意，我妈怎么可能是她？

她这是占便宜，我鄙视她！

“换句话说，你是我和关一帆编出的程序，你的人生走向显然是设定好的，哪有那么完美的人生，一直活在少年，一点波折都没有遇到过，虽然成就不是最高的，但也是万众瞩目的成就了。”

关一帆……关一帆……不是《三体》里的东西么……

“对，我是程心，很高兴认识你。”女人仿佛知道泽在想什么。而且，不想让泽活了。

科科，这宇宙之肮脏。

“你无厘头的原因是这样能让你快速融入社会，我知道你现在难以置信，但是你的心情真的是大写在脸上的，而且那边的屏幕可以看到。”程心指了指远处的一个不知道什么木头弄出来的桌子上面的一个一看就非常高科技的电脑。

“有么？”泽的五官拧在一起，呈现一个“之”字形，好像确实是写在脸上的。

泽还是坚持自己的观点，这人就是看过《三体》的精神病，不然怎么会不给自己脑子里面放点高科技来提升地球，就算她达到了这样的成就，也不能说就是她干的。

泽走到电脑屏幕前，那不是一个实体电脑，内存显然在16384（128乘2乘2乘2乘2再乘2得出的结果）之上。

屏幕上显示着高深到无法理解的函数以及奇怪的波动，右下角有一个修改件，左下角则是总结键。

泽不知道这是干什么的。

“如果你想看，左下角的键你就点一次吧。”

屏幕上立刻出现两个字：“惊奇。”

这正是泽现在的心理状态。

“没有把科技传给你的原因是你选择了文科，你觉得一个文科生做出曲率光速飞船是可能的事么？我顶多只能给你传些1110000100101011的简单的能更好理解的代码的东西……”程心显然能够读懂那个线条具体表现着什么。

四　现在开始黑《银河帝国》的贝壳

“那我是你叫来的咯？”

“显而易见，我只让丹尼尔给你做了一点点心理修改，但不足以伤害身体，这样最能……”

“丹尼尔！！！”

“emmmm，我和关一帆先生还原了上个宇宙的阿东莫夫写的《银河帝国》里丹尼尔的功能，而且为了致敬这个创意，命其名为丹尼尔。”

“你们现在不知道有没有写出《银河帝国》了，也许写出来的人不一样了。”

“嗯，我们的《银河帝国》是阿西莫夫写的，不是阿东莫夫写的。（作者弄出这两个人名竟然不笑）”

“这宇宙之新奇，过去已经将巧合也太巧合了。”

“听说你们的《哈利波特》还是罗玲写的？”

“对。”泽现在已经不惊讶了，慢慢接受了事实。

“正是因为这些经典太经典了，才会出现这种情况。也许时间不一样，但只要教育一样，名字基本也就会差不多了，家长几乎造就了一切，就像我给你发送的超时空代码一样，你现在是小羊四星杂知识第五多的人。”

“第一是谁？”泽不开心。

“贝壳。”

“贝壳这个人到底是谁啊，这么厉害，又帅又聪明又博学（哈哈哈哈哈哈）。”

“不知道，无法找到他的存在，但我只能说，一切的最高延伸都是神学，如果那是一个神，地球很可能会一直活下去，并且不受黑暗森林的打击。”

接下来是重点！

“说到黑暗森林，这确实是宇宙公认的法则，但我要说的是，我与关一帆先生想出来的，凌驾于黑暗森林法则之上的法则——静默森林法则。

“黑暗森林法则假设宇宙是一个森林，所有的文明都是缓慢前进的猎人，随时要保护自己并且击杀敌人，但由于生存是文明的第一法则，静默法则便诞生了。

“这种法则，一样假设宇宙是一个没有光的黑暗森林，让我们再假设每个文明的等级从A到Z，假设A文明地球向宇宙发送了一个友好邀请，而B文明三体因为环境需求，与A文明大打出手，而B文明以上的文明都发觉了地球于三体的存在，C文明不敢确定有没有比它更厉害的，不敢出手，依次往下，Z文明也不知道有没有比自己文明更厉害的，也不敢大打出手，这就是歌者存在的诞生。

“但是，当所有文明都明白生存最大的障碍是傲慢后，都继续往下发展，达到一定高度时，歌者无法摧毁的文明会一直存活下去，双方都不敢发生星际战争，也就是黑暗森林中所有的猎人升起防护罩与枪声定位的时候，黑暗森林将射进阳光，产生真正的静默森林。唯一的枪声，将会是A级到C级的星际战争，这同样也是高级LOL玩家与低级LOL玩家的区别，大家都知道对面在干吗，在哪里，但都不敢轻易出手。

“这就是凌驾于黑暗森林之上的法则，静默森林法则。而我现在把你叫来唯一的原因，便是邀你来一起建造一个‘第二基地’的概念，保证地球以最快的速度发展到歌者无法摧毁的文明高度，到那时候，再傲慢，变成生存的障碍也很小。

“但唯一需要小心的，便是阳光照进静默森林法则后的影子，那都是发展到U级以上的大神级文明，静默森林法则将再次变成黑暗森林法则，因为双方都明白了静默法则的存在，到达这个等级以上的文明，1亿年之内必定消逝，这是代价，U级以上文明最可怕的森林法则，便是没有法则。

“我不会再修改你的精神，但由于你是人类目前数一数二的判断力最准确者，我邀请你，对人类未来做出最终极的判断。”

“给岁月以文明，而不是给文明以岁月。”泽笑着说道。

“挺好的选择，第二基地的建造可以开始了，目标是将地球达到Z级文明水平，丹尼尔。”

“你愿意加入我们建造第二基地的工程么，放心，歌者无法毁灭我们的星球。”

“成交。”泽不知道这是不是他自己的判断，但是现在不需要管那么多了。

程心邀请泽走进这颗行星的地下，泽无法想象这是凭着程心与关一帆二人打造的T级文明。

关一帆走了过来：“久仰大名。”他笑道。

“知道为什么我们有这么高的文明么，虽然缺少不了丹尼尔的协助，但是，”他指了指脑子，“思想钢印哦。”

五　脑洞没有了的，来客串的贝壳

第二基地建造完毕后，泽便回到了小羊四号，却惊奇地发现没有小羊四号这个东西。

他向地球发出了进入地球的申请，被批准了。

飞船降落后，他看到了程心："又见面了哦，对你来说只隔了一会儿，对我们来说整整135亿年呢。"

关一帆附和似的笑道，大家都涌出了泪水。

"欢迎泽先生回家，你的事迹我们都知道哦。"主席贝壳先生说道。

"你是贝壳？你到底是谁啊？"

"我也不知道，或许我只是这个世界的创造者，所有的学术最高境界都是神学。"贝壳莞尔一笑（实在不知道这个词怎么用，应该可以给男生用吧……）。

叶开老师评：

科科科！好吧，这么自称全宇宙最帅也就算了，还达到了神级，你不怕沼泽和狼昨和小羊三剑合璧前来干掉你吗？呼叫沼泽、狼昨、小羊！！！说老实话，有点惊讶，你这么搞，把各种材料，如阿西莫夫（+阿东莫夫）、《银河帝国》、刘慈欣、《三体》、《银河系搭车客指南》等等，都塞进来了，煮成了一锅百菜粥，什么料都有，但是，味道还不错呢。那个血腥的"狮子头"是什么意思？虽然我知道什么意思，也准备了五十个垃圾桶。但，难道是"黑暗料理"的梗还没有消退吗？又说老实话，你这篇杂耍写作的产物让为师看呆了，估计一般的语文老师会很不习惯甚至很生气呢（“二班”的老师大概可以忍受你的博杂）。总之，你的胡思乱想成了一篇很有意思，我看得津津有味的长篇“杂耍科幻玄想作品”，把什么都能塞进来，也是一种能力。你这点上是不是偷师了狼昨？如果是，承认也无妨，没关系。那次沼泽弄了个“宇宙开头的餐厅”+小羊部长，你这里也弄了个小羊部长，算是“借鉴”？我觉得可以这么干，总之你有自己的想法。为师我就带着一点点傻呆地看你在这里脑洞大开成了好几个蜂窝状的脑洞然后把沼泽同学和小羊同学都塞进洞眼里了。再次呼叫狼昨、沼泽和小羊三剑合璧前来精准打击！最后，你的结尾超级牛掰，因为，你“胡思乱想”各种“杂耍”，前后竟然还能呼应，贝壳主席亲自出现在135亿年的地球上。我也搞不清楚是几维的地球，既然有躲过了宇宙毁灭的“程心”再加上“丹尼尔”的协助，地球升级到歌者都不能毁灭的文明高度，能不能直接升维呢？既然有“降维打击”，咱们也炮制一个“升维打击”如何？就像搭乘电梯升到顶楼，对着悠闲地坐在太师椅上的歌者脑袋，发射一颗狮子头！打不死他，也恶心死他！如何？总之，为师我这么严肃认真的一个人，竟然还能接受，爱读。热烈祝贺！

7 幻世之中

黄铭楷　六年级

早晨醒来，望着窗外明媚的阳光，我满足而慵懒地伸了一个大大的懒腰。新的一天又开始了。醒来以后，我并没有急着起床，而是踢掉被子，躺在床上胡思乱想。

旧时代的人怎么就那么可怜呢？我想。每天清晨，那些可怜的人就得早早起床，然后花费自己一天中二十四分之一的时间去所谓的“赶车”，然后又花一天中四分之一的时间去做一种叫作“上班”的无聊事情。他们回家后只有几个小时的空余时间，就又得花三分之一的时间去“睡觉”！真不明白旧时代的人是怎么活下来的，要是我，还不是得累死。

想到这里，又觉得时间不可浪费，于是急忙爬下床，什么也没拿就出了家门。

现在的这个时代，人们已经重拾了过去的自由和散漫，房屋和居民区都修建成了古代农村别墅的模样，只有城市的商业区才拥有新时代的喧嚣与活力。当然，如果想体验快节奏生活，只需搬进城市，不用什么“买房”或“租房”，只要离开自己居住的住宅前往城市入住就可以了。这个时代，没有任何与土地有关的交易。

走上街道，望着四周黄灿灿的麦田，我有些生厌了。我当即坐上磁轨巴士，经过九分钟的旅行，来到了热闹的都市区。走下巴士，这个熟悉的城市又重新展现在我的面前。高耸的摩天大楼，全息的巨幅广告，还有那街道上形形色色的行人。

我按了一下自己的太阳穴，吩咐内置的AI道：“打电话给熙。”

“打电话”这个词同样是上古时期传下来的神秘词汇，反正我也弄不清楚为什么呼叫别人会被称作“打电话”。

“熙？”呼叫几乎瞬间就接通了。

“是你啊，又回城里了？”熙的声音十分疲倦。

“咱们好久没见，今天要不去哪里聚一聚？”我问。

“好啊，要不去咖啡馆？我靠在‘外面’工作赚了一大笔工资

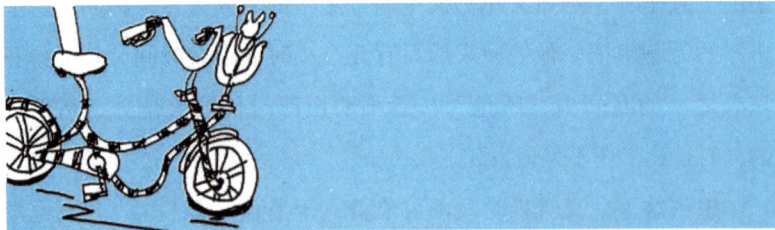

呢！”

“熙，难得你这么大方，咖啡馆这种奢侈场所你也去？行，十分钟后见。”

我匆匆走上了大街，期间又顺便在商店以几乎不要钱的价格买了一大堆电子产品和家居用品，才到达咖啡馆。

在路人羡慕的目光中，我骄傲地走进了咖啡馆（在这个年代，基本的饮食是有保障的，但是额外的食品却非常贵，几乎是这个时代最奢侈的东西，原因是食物是在“外面”供应的，下文会提到）。一进门，就发现熙坐在最外侧的座位上，带着微笑看着我。

“嗨！”我挥挥手，一屁股坐在了他对面的椅子上，“最近你哪来的那么多钱？”

他微微一笑：“还不是到‘外面’工作？这个年头，想到‘外面’工作的人越来越少，工资也就越来越高，只是，要受累受苦。”

“哎呀，像你这样的工作狂才少呢。现在谁还会闲着没事干，三天两头跑到‘外面’去消耗自己的身体？”我也是不能理解，“来，喝了这杯咖啡！”

一杯醇香的咖啡下肚，我的肚子都是暖乎乎的。这可是真实的享受，而非虚拟的触感。一下子，我似乎也明白了为什么咖啡会卖得这么贵。

“我就喜欢你这样的性格！”熙笑了，“不过你不妨也想想，如果没有那些在‘外面’工作的人，我们如何……”

如何什么？我很奇怪。随即我才发现，周围人的动作也随即凝固了，然后，是一片黑暗。

似乎过了很长时间，光明才重新来到。经过一段时间的惊慌，人们的谈话声又重新响起，大家谈笑风生，好像什么也没发生一样。

“系统断电。”熙平静地说，“这个月的第四次。我想，你也看到了工作人员紧缺的问题。”

我陷入沉思。

“我想，你是对的。”我不情愿地说。

“等下我就去工作。”熙点了点头。

下午回到家，内心哀叹一声，我极不情愿地说出了那个指令：“返回现实世界。”

一切都消失了。

睁开眼，第一眼看到的是一块显示屏：战后第三十七年六月三日。

战争过去了三十七年。

没人知道战争是如何开始的。人们只知道，当核冬天的烟尘在房屋的残骸中飘荡时，政府就转移到了网络。全世界所有的大型储存体连成一个网络，人们的生活都在此进行。为了得到现实生活中的‘食物’，人们偶尔才会苏醒一次，离开地下十几层的地堡，前往政府全力运营的虚拟网络中心工作一段时间，维持网络的正常运行。但是，这样的人越来越少了。

人们已经在虚拟的世界中长醉不醒。

我叹了一口气，回味着那杯仍在肠胃中回荡的咖啡（在虚拟社会中只有食物是给真实世界中的自己的，食物会通过运输管道送至真实世界），穿着防护服，缓缓走出了防护门。

希望做完工作马上能回到网上，我想。

叶开老师点评：

黄铭楷总是有奇思妙想，有超级反转，这点我十分佩服。这篇“社区”生活，你设置为“核大战”之后的“核冬天”时期，人们其实已经完全“冬眠”了，但在“网上”还能过着非常舒适，非常快乐的（虚拟）日子。尤其是，那个想不通“旧时代”的人怎么那么无聊，要花一天中二十四分之一的时间“赶车”，要花“一天四分之一的时间”上班，回到家，疲惫不堪，却没有几个小时空闲时间可以休息。而且，接着就要花三分之一的时间睡觉了。确实，我们这些旧时代的人，很会心于你的描述，一开始也很羡慕你的描述。说老实话，很多人上班来回要花两个小时呢。确实是非常浪费，是城市病。不过，对于大多数人来说，不再赶路了，又能把时间花到哪里去呢？上网？打游戏？看网络小说？玩手机？总之，大多数人的时间，不是浪费在路上，就是浪费在无所事事上，都是浪费，无所谓高低啦。倒是在“网上”，“人们已经重拾了过去的自由与散漫”，这句话我超级喜欢。哈哈，我就是一个自由而散漫的人。这给我找到了一个很棒的借口和激励。你最后的反转非常厉害，一下子让整个气氛都变了。这样看来，不必羡慕小说中的“网上”生活。我们还是要珍惜“真实”感受，一杯咖啡，一杯茶，都是最珍贵的体验。

8 最后的街角

刘逸飞 七年级

平常的一天往往会发生不平常的事。

——题记

对于这句话，我是信的。望着林荫树下来来往往的车队，一阵悲伤不由得袭上心头：终于要离开我居住已久的地方了。

我轻轻地抚摸着家门口的那棵洋槐树，庞大的树干如一条巨蟒蜿蜒地伸向高处，密密的树叶铺天盖地的，使得这洋槐树如同一把张开的绿色巨伞——这曾是我童年的回忆呀！

在我小的时候，经常顽皮地爬树或吊在树上久久不肯离开。树

上有一段弯曲的“V”字形枝杈，我时常坐在枝杈上，看着远方飞翔的鸟和不远处散步的人，心中欢乐无比。我常常那样感叹：“啊，居高临下的感觉真好！”

当洋槐花开放之时，就像是人世间的天堂。淡紫色的花柄加上纯白色的花朵，一串串如同葡萄一样悬挂在树上。那白色的花朵像是在召唤着我。我常常擒一根竹竿，在地上铺一大块塑料布，使槐花落满地，如同天空中纷纷飘落的雪花。最后，把塑料布像包药一样，把打落的槐花紧紧裹住，足够我们家吃上一段时间了。这曾经是我最大的爱好。

但是，洋槐树也给我带来了一些烦恼。记得有一次，我爬在槐树上，天非常的热，我浑身都冒着汗。忽然，我在爬树时，有一个枝杈没有抓稳，左手又滑了一下，从离地不高的树上掉了下来。后来，我再也没有像以前那样肆无忌惮地爬树了。

望着街前的那条柏油马路，我不禁打了一个寒战。那是我很小以前刚刚学会滑板不久，高涨的热情还在升温，我常常在街边飞驰着。

但是有一次，路边有一个不大但是很深的小坑，我滑着滑板却没有绕过它，当时速度不快，正好滑板的前轮卡在了深坑里，我就飞了出去。眼看就要撞在地上，我用手撑在地面。虽然没有撞到脸，但因为甩出的力度太大，导致右手骨折，好长时间都不能写字。

街边的那家拉面馆，我去过很多次，它那里的牛肉面味道鲜美，面条筋道，价格又实惠。一大碗面条一端上来，香浓的味道刺激着我的味蕾，一层厚厚的油漂浮在汤汁上，碗里撒了少许的辣椒，却没有一点辣味。每当我路过牛肉店门口，那股永远散不去的熟悉的味道，就会直扑向我，让我不由停下脚步，像勾了魂一样地走进去，享受那无比的美味。但想想就要离开这个令我怀念的地方，我感觉十分伤感。

街的角落里，常有那只叫小黑的小狗，它性格十分古怪，没有人可以轻易地靠近它。有一次，我把家里的骨头给它吃，而它闻一闻就走了，那高傲的身形真叫我哭笑不得：好心给予它的食物都不肯接受，这样怎么生存呀？我常常这样说它：“你真是一条傻狗！”

今天它没有来，街的角落里空荡荡，让我有些失望。

“嘀，嘀！”一声声刺耳的喇叭声在我耳畔响起：“我们可以走了！”司机冲我喊道。

可我却一点儿也不想走，我怀念这里。

伴随着发动机的启动，一股乌黑的油烟从车尾冲出，我最后看了一眼我心爱的街角，这片属于我的小天地……

叶开老师点评：

刘逸飞这篇《最后的街角》写得非常好，从搬家的角度来重新审视老家，那棵高大的老槐树（你知道我爱树的），写得那么生动。那个小坑，把滑滑板的你坑得“飞了出去”，导致了右手骨折，很长时间不能写字。那是多么深刻的记忆，痛楚自然有，同时也因为痛楚而记忆深刻吧。叫“小黑”的小狗，写得也叫人感到十分可爱，竟然如此高傲，如此不近人情，哈哈。离开这样一个记忆丰富的地方，是不容易的。写一篇文章记载下来，多好。

9 小时代

幂小狐（崔纾宁） 五年级

清晨，城市已经被硝烟笼罩了起来，空气中弥漫着浓浓的硝烟味。

硝烟是指升学紧张的气氛。随着上海市人口日益增多，要接受九年制义务教育的学生也越来越多，到处可以感受到战火的气息以及硝烟的味道。家长们夜不能寐，苦思冥想，可想来想去也就是孩子的升学问题："天呐！这个学校会不会不收我们的简历？我孩子的分数够不够啊？如果真被录取了会不会跟不上啊？现在牛娃这么多，我是不是应该再给孩子报几个课外班啊……"总之，他们的思想就是：一步错，步步错！所以要步步为营，光超越自己是不行的，一定得把别人比下去。一刻都不能松懈，不然别人就要反超……考不上好的初中就考不上好的高中，考不上好的高中就考不上好的大学，考不上好的大学就没有好的学位，没有好的学位就没有好的工作，没有好的工作就没有好的家庭，没有好的家庭人生就不可能幸福……现在小升初，中考，高考，面试工作的人这么多，一定得让孩子往死里学！学！学！

七点半时，走在路上，旁边的咖啡店里、早餐铺里、超市里，挤满了家长和孩子。家长们个个眉头紧皱，面色疲惫，想必是没睡好还早起了，从幼儿园的小朋友到大学生，不分大小，都在狼吞虎咽。走进一家咖啡馆，就可以看到这样的场面：尽管孩子已经吃得很快了，但是家长们还是不停地催："依跨滴啊！桑枯就瑶泽道了呀！劳斯哦为地灯侬额呀！灯怡歇噢翡呗付！"（上海话发音，普通话为：你快一点啊！上课就要迟到了！老师不会等你的呀！到时候学费白付！）

学生们"充足""丰富"的一天就这样开始了……

八点时，硝烟的气味渐渐散去。公园里的草坪上，许多老人正在晨练，老阿婆们有的压腿，有的则靠在旁边的健身设施那儿谈笑风生。老爷爷们选了一个领袖，带头打太极，打得出神入化。还有一些小夫妻带着他们刚出生不久的孩子，在草地上铺了张毯子，陪孩子玩耍，在上面享受着无忧无虑的美好时光。风清扬夏未央，林荫路上单车响，一对对小情侣在树荫下成双成对地骑着自行车，深情地注视着对方。

九点是上班高峰，人多起来了，家门口的路上人来车往。小区旁边的链家房产已经开始推销了："先生，您看看，这是我们最新的房源……”小区对面的理发店里迎来了新的一天的第一位客人；小区里的樊灵瑜伽里，大家已经开始了瑜伽学习；购物商场的大门敞开了，人如潮水般地涌了进去，徐家汇顿时人山人海。

“欸！上菜嘞！”餐厅里的服务员端着菜吆喝着。十一点，大家都出来吃午饭了，边吃边聊，其乐融融。一些老城区的弄堂里，大妈大爷们搬出了自家的摇椅和板凳，摇着扇子，嗑着瓜子儿“嘎讪胡”。菜市场里卖肉的，趁着人不多的午休时光，赶紧把刚运到的新鲜猪肉切片放进冰箱冷冻，忙得不亦乐乎。

下午一点，知了在树上叫着，太阳当空照，阳光十分刺眼。路边烘焙店里飘出了阵阵甜香，花房里散发出阵阵芳香，茶馆里散发出阵阵清香……微风迎面，风景宜人，漫步在波光粼粼的湖边，消磨消磨时光，未尝也不是件好事。看着在水中扑腾的小鸭子，看着正在钓鱼的渔夫，看着湖边卖雪糕阿姨的笑容，令人觉得一切都是那么朴素又那么亲切……

四点半，太阳已经落到了枝头，阳光倾斜着撒到操场上，把旗杆拉出一道长长的影子。过了一会儿，学生们都被家长带去吃晚餐了，下班高峰到了，又是人来车往，大街上又喧闹了起来。交警叔叔不得不出来维持秩序。“嘟嘟嘟！”交警吹着哨子，在马路中央做交通手势。商场里的人经过了一天的“血拼”，拎着大包小包走出了商场的大门，脸上个个流露出了心满意足的神情。

晚上七点钟，卡拉OK里挤满了来聚会的男男女女，灯火通明，喝着啤酒吃着炸鸡，这样逍遥的生活是令所有人都神往的。站在天台上，呼吸着夜的味道，心旷神怡，眺望着这座灯红酒绿的城市，不觉有些眩晕。

八点整，天已经完全暗下来了，这时，忙完了作业的同学们窝在自己的房间里打《王者荣耀》，充当着KPL中的MVP。还有的躺在沙发上，看最近热映的《楚乔传》，吹着空调。我想，这样的生活才是他们想要的吧。

午夜十二点，沉睡的钟声再次响起，城市陷入了休眠，静静地等候着下一个黎明……

叶开老师点评：

幂小狐写早上大家拼命吃喝拼命赶路拼命上学的情景非常生动。大部分人家长的逻辑就是这样："上了好小学，就能上好中学，上了好中学，就能上好大学……"实际上，这是不符合逻辑的，前后没有必然的因果关系。更何况，上完好大学找到好工作呢，也未必能快乐。或者结婚了生了孩子又开始"上了好小学……"的非逻辑推理了，一生都在这种焦虑和困惑中，不知道怎么摆脱。你的“上海话”算是独创了，为师我十分佩服。“嘎汕胡”跟下面“湖边波光粼粼”连在一起，我差点以为“嘎汕胡”也是一个湖呢。话说这个湖哪里有啊？你在上海，这算是“胡编”吧？又不是在淀山湖、太湖或者阳澄湖。呵呵。不过，“忙完了作业的同学们窝在自己房间打《王者荣耀》”，我觉得大概是很真实的。

10 小街区，大改变

新桐（徐洁琦） 五年级

三年前我所认识的那个朴素、简单的小街区，至今不复存在，取代它的，是尘土飞扬的大工地……

——引子

三年前（刚搬来的时候）

“防火防盗，互相关照，车辆停靠，互不干扰……”

楼下值班的保安又拿武汉音很重的大喇叭在小区播放了。那时我听着这声音写作业，感觉特别舒服。有时播放的时间与小区里孩童玩耍的时间相合，便会有那惯有的“老狼老狼几点钟”伴着“防火防盗”的声音一起飘进我的耳朵里。

一出小区的大门是一条小街，对面有几家小商店和十几家餐馆，小区的大门两边也是有好多家餐馆，这条不长的街道就是人们眼中的好吃一条街。顾客在店里进进出出，几个店主家的小孩在小街上打闹嬉笑。最大的那家餐馆“李二鲜鱼村”家里已读六年级的大哥哥正拿着一本书津津有味地读着。

早上是一种清闲的景象，但是到了晚上却又是另一种景象。

晚上，小街上人群摩肩接踵，欢声笑语。有些餐馆的位置不够坐，都摆到人行道上。小店里也会有人买些水果、酒水、零食。整条小街也投入一天中最忙碌、最愉快的时段了。小区里7点多时，广场舞团队也来到了休闲小广场。这个时间，比用大喇叭播放“防火防盗”的时间更热闹。更多孩童来到广场上，顷刻间欢笑声不绝于耳，小区里和小区外的欢笑融成一片，显得既温馨又和谐……

三年后（工地筑起）

在这儿住了三年后，老街显得和与周边的高楼格格不入，终于，政府下令改造，原来的那些私房都要拆掉。这里将被建成三层地下工程，其中最下面一层是三条地铁的中转站，中间一层是逃生通道，最上面一层是过江隧道。

不久，挖土车、渣土车、水泥车……什么都来了。一开始，只是把路给拦了，对我们生活也没有太大的影响。结果一到打桩，我所住的二栋常常听到“咚咚咚”的声音。每晚“咚咚咚”声伴我入睡，清早6点多“咚咚咚”又把我吵醒，原本学校作业就多的我又被这声音给“盖”上了“黑眼圈”。后来，打桩声完了后，本来以为可以清静清静——但为了尽快完成这项工程，我们这里三面的私房都要拆除从而建成三条地铁的进出站口，当然也包括最靠近我们小区的那两栋已经旧得不成样的小楼。

这消息一传出，大家纷纷抱怨起来：

“这一天天的，连过个安静的日子都不行！”

“是呀！”

“那么晚还在作业，搅得人连觉都睡不好。”

…………

几天后，几辆卡车载着沙子、砖头、和水泥来了。砖墙砌好后，建筑队的负责人告诉那些小店和餐馆的店主们，说限他们五天时间搬走，否则就要强行拆房。一瞬间小街上挤满了搬家的货车。果真，五天后小街上一个店也没有了。

“轰隆”——翻斗车一下将房推倒，旁边的挖土机把土装给渣土车，然后运走。

打桩的“咚咚咚”声又响起了……

一个月后（进入打桩的高峰期）

“防火防盗，互相关照，车辆停靠，互不干扰。”

对，还是这厚重的武汉音，但那孩童的笑声为什么减少了呢？那广场舞团队时常播放“第一节运动”的广播又去那儿呢？原来，广场舞团队有些老奶奶、老爷爷受不了打桩的噪音，整个团队迁移到小区前面的一处广场，小孩也随之去了那里。

“防火防盗……”这声音又再响起，但伴随它的——只有打桩机“轰轰隆隆”地钻入地下的声音。没有了那熟悉广播声，没有了孩童那稚嫩的笑声，我竖起耳朵仔细听着，隐隐约约还能听到那熟悉的声音越过天空，越过横在面前的两栋高楼传到我耳中：

“第四节运动……”

“老狼老狼几点钟……”

“哇！别让他抓着啦！”

尾　声

我们的时代在发展进步，各种不同的风格和样式楼房渐渐被人们遗忘。埋没于历史的长流中。

叶开老师点评：

观察自己生活的、熟悉的社区、街角，运用城市建设和民生变化的视角，新桐写了一篇很精彩的散文。平静的生活，对市民们来说，是一种幸福，你会感到安全、舒心，但是，当基础建设和拆迁开始，喧嚣就会出现。在一个发展中、建设中的城市里，这似乎又是不可避免的。不过，如果工程作业能够更加规范，早九晚五地上班下班，不要太赶进度，而是严谨而有序，也许就更好了。总之，三年过去，你长大了不少，思考也深刻了很多。值得赞扬！

11 那一处奇迹的角落

杨睿敏　六年级

在这座繁华的都市中，几乎所有的居民每日都在奔忙：不论是起早贪黑的工人，还是努力拼搏的学生，时时刻刻都在奔忙，这也使得城中的大街小巷都十分热闹。热闹，虽说能让人不感到寂寞，可人们也需要一处安静的地方留给自己一分清闲。那么，在这喧闹的世界中，那处安静的净土又藏在何处呢？经过无数日夜的搜寻，人们终于找到了那个唯一清静的地方，与其说是搜寻，还不如说是创造。

那片地方不大，坐落在城郊的一块荒地中，面积是这座城市的万分之一。它虽不大，但对城中的每一个人都有着特殊的意义，说起那个地方，几乎众人皆知。

它，就是红星公园。

那里被青山环，被绿水绕，放眼望去，有如一幅富有中国特色的山水画。虽说它冷艳，可它却一点也不孤寂，在它周围可谓寸草不生的荒地，也莫名平添了几分光彩。

一个休息日，我们一家驱车来到了这片净土。我自然很兴奋，可长辈们却似乎对此地怀着敬仰之情，我不解，以为他们是为这美景而感叹，可听完这里的故事，我也不禁有些感动。

时间倒回到二十世纪八十年代，当年，我们的城市还不算繁华，看到一栋如今不值一提的十层房屋都会感叹大半天。当年，此地更是荒无一人，只有一条肮脏的河在这里静静地流淌，旁边坐落着一个已破废多年的红星化工老厂。人们一听这地名，便会不由自主地皱起眉。

不久，工厂终于被拆除了！可这也使得这里成了一块名副其实的荒地，几乎没有一个人提及它。它就被人们遗忘了十余载，直至二十一世纪的第一个夏季……

“你还记得红星化工厂的那块地吗？”

“那必须的，这不，被搁了一个世纪了！”

“说白了吧，我觉得这地空在那儿也怪可惜的……”

“是啊，那还是块好地，只可惜……”

“其实，我想把这块地改成公园。”

“想法是好，可摆在现在，不大现实。”

“没事，不论是多么不现实，我也会努力！”

“就冲你刚刚那句话，哥挺你！”

那一日，两个人的谈话在无意中孕育了奇迹的诞生。

2010年，两人在村民的协助下，攒足了钱，买下了这片地。那年，他们已近六旬，可仍旧坚持着最初的梦想。

2012年，在政府的支持下，他们与村中的几十名百姓开始动工。起初，他们的进展很快，不到一年就将肮脏的河道整治完毕，还将整块荒地铺上了草坪，同时建了假山，种上了梧桐树，一切都是如此美好。可好景不长，没过多久，蛀虫啃完了所有的树苗，一场大雨冲垮了工地。面对这一片狼藉的景象，两位60岁的老人只好重来，留给他们的时间不多了！劫难后的第一天，他们又开始了灾后重建。这一次，有更多人加入了他们的团队，不到两个月，一切又如从前。

上帝被打动了，此后，改造工作一切顺利，再也没有狂风暴雨，再也没有成灾的蛀虫。天时地利人和，三年前，公园竣工了，虽只是五百平方米的试验地，可这却饱含了建设者的良苦用心，从中，仿佛还能看到他们的汗水和他们辛勤劳动的场景。

今日，漫步在此地，走在他们建设的公园中，环顾着他们所创的奇迹，没有一人能不感动于这一奇迹的幕后故事。

我站在河边，凝视着那微波荡漾的水面，仿佛看到了老人看到劳动成果时的笑颜。同道的人们早已泪流满面，如不是亲眼所见，有谁会相信这个奇迹？在亲睹这壮观的一切后，再骄傲自大的人也会低下高傲的头，再铁石心肠的人也会为此而感动。

奇迹，总发生在我们身边，处处是奇迹，处处是感动。当我们离开这方净土时，我们才会后知后觉地感叹——这就是奇迹。

那雄伟的山，那清澈的水，那芳草碧连天、绿树如茵的景象，是奇迹，是诞生于荒地中的奇迹，是每个人都无法忘却的奇迹。

“你们是我今天接的从红星公园离开的第四十单。每天从这里过，都能看见不少人在这里等车……不过这也就是一个五百平方米的公园嘛！是什么力量促使成千上万的人们到此一游呢？我反正没进去过……”

“去看看吧，那是奇迹的力量！”

叶开老师点评：

杨睿敏专门写城市里一个特殊的公园——红星公园——的历史，我觉得很棒。从红星化工厂的废弃荒地中，两个年近六旬的老者，开始了植树造林做草坪的艰辛过程，在村民的帮助下，这一切慢慢成形，慢慢地，回报了社会。虽然说，这样的公共场所，政府也应该出力的，但是，不管怎么说，那两个老者，值得我们尊重，他们用自己的努力和劳动，让自己生活的环境变得更好。其实，一个城市，一个街区，要变得更好，是需要人人的努力，每个人的付出，和彼此养成的良好习惯。

12 我的街区

钱思成 四年级

清晨，一缕金色的阳光从窗户外透射进来，又是美好一天的开始。

我下了楼，一位穿着保洁服的阿姨推着三轮保洁车正在小区打扫卫生，只见汗水从她的额头流了下来，她顾不上擦拭，继续清扫着。那边树荫下，手里还拎着菜的几个阿婆在聊着家常，旁边三四个小朋友在那里追逐着、玩闹着。

再过去就是小区的河了。河岸边有两排高大的柳树，长长的柳条垂了下来，快要碰到湖面了。柳树下一把大伞撑开着，下面一个穿着黑色T恤衫的叔叔人正坐在那里，手里拿着鱼竿，旁边放了一个小水桶，正悠闲地钓着鱼。我好奇地走到水桶边，一看，桶里已经

有好几条鱼了，钓鱼的叔叔激动地告诉我："今天的鱼特别多，还有一条大的，你看！"说着，他指了指桶里那条最大的鱼。

"这条估计有两斤多吧？"我说道。

小区门口，几个卖菜的阿婆早早地等候在了那里。阿婆的篮子里放满了各种新鲜蔬菜，有小白菜、黄瓜、丝瓜、胡萝卜、西红柿等。这些蔬菜都是乡下阿婆亲手种的，一早采摘下来，特别新鲜。

"这个菜多少钱一斤？"

"四块。"

"这是刚早上采下来的，可新鲜着呢！"

"嗯，确实不错，来两斤吧！"不一会儿，阿婆篮里的菜就没剩多少了。

门口对面是一家包子铺，但经营的不止包子，还有烧卖、大饼、油条等。那里的包子最为出名，馅多味美，深得顾客的喜欢。每天早上包子铺前都排起了长队，我也总会去那里买几个包子或者大饼当早餐。长着一双丹凤眼的老板娘热情地招呼着每个顾客："今天还是老样子？"

"当然。"

"好的。"只见老板娘娴熟地递给顾客想要的食品。

包子铺旁边是一家连锁超市，但由于经营不当，这几天门口挂出了横幅“超市倒闭，万件商品一件不留”，引来很多居民光顾。

再走过去，穿过一个红绿灯，就是水果店了。这可是一家大型连锁水果店，在当地开了很多家门店，小有名气。里面水果种类繁多，货架上的水果排放整齐，有苹果、樱桃、牛油果、哈密瓜和一些不知名的进口水果。我们家经常去那里买水果，买的最多的要数苹果和榴梿了。有意思的是，这家水果店对面还有一家水果店，也小有名气的，因此两家水果店的竞争非常激烈，每到放学的时候，两家水果店里的员工就开始大声叫卖起来：“水果便宜啦！水果便宜啦！”“西瓜一块八一斤！”“来，小朋友，免费尝一尝！”促销叫卖声此起彼伏，成了这条街独特的风景。

水果店往南走，就是少年宫广场了。白天，很多学生在那里上课（包括我，哈哈）。晚上的广场成了人们娱乐的好去处。“小呀小苹果……”伴随着音乐，大妈们跳起了优雅的广场舞，小孩子们穿着轮滑鞋，身手矫健地一圈一圈地滑行着，音乐声、欢笑声回荡在广场上方……

叶开老师点评：

钱思成写了一篇非常“龙应台”风格的街角，位置感很强，人物性格鲜明，并且细节很生动。看得出来，你的白描能力过硬。你想过这样的好环境背后是什么原因吗？人们天性善良，或者有恒产者有恒心？龙应台的散文背后，藏着一个很有意思的主题，那就是人性良善与制度完整，是匹配的。因此，一个美好的生活，人们的良善，都跟我们的社会环境密切相关。

13 斑斓谷的晴天

莞若清风（龚莞清） 五年级

第一章 莉莉·维京

我是莉莉·维京，今年23岁，在斑斓谷当职业漫画家。自3017年9月16日出生那天，我就一直生活在斑斓谷。那是一座美丽的小城，建造在翠山环绕的山谷之中，科技发达又没被破坏山水美景。城市共有三层，第一层贴着地面，是市民的寓所和宅院；第二层是小城中所有的学校和工厂；第三层是小城内的商铺、医院和及生活娱乐场所。每一所市民公寓里都有一架升降机，可以随意上下楼。我十分热爱斑斓谷，经常在城市中寻找漫画素材，住在这样的地方，我感到十分幸福。

第二章　二楼

“唉。”

我望着窗外发呆，手中把玩着的智能绘图笔——漫画又画不下去了。下周一就要交稿了，刚刚编辑才催过一次。不行，得找一点素材去。我停下手中的绘图笔并将它置于睡眠状态，装入包里。我要去往二楼和三楼，看一看城市里的事物，再顺便买一些东西。

我抱着磁悬浮滑板，坐上升降机并按下了二楼键。“咻咻咻”，一秒不到，二楼的风光已经呈现在我的眼前。我跳上滑板，并用意念给它下达了命令：在二楼转一转。滑板缓缓向前滑行着，给我了观察人与建筑的时间。刚刚有一位年轻女郎牵着一条贵宾犬走入一座雪白的俄罗斯式房屋，建筑的牌子上用金色大字写着：斑斓谷社区服务。教堂矗立在二楼正中央，那是一座哥特式建筑，墙壁上的彩色玻璃窗上描绘了耶稣受难，绘制了圣母像。滑板往前慢慢地滑动着，我穿过了条条街道，像我一样踏着磁悬浮行动器在街道上行驶的人也有很多，他们有的在对着屏幕聊天，有的好像在想心事，有的则好像在快速地赶往什么地方。二楼其实是个很无趣的地方，找不到灵感。我还是上楼去吧！

第三章　三楼

三楼比二楼热闹多了，到处吵吵嚷嚷。我先去银行，银行前有一个隐藏的迷你扫描机，扫描每一个人后分析他们有没有犯罪心理，所以十分安全。我抱着滑板走到一架自动取款机前，让机器扫描我的虹膜，然后我又输入密码与取钱数目。机器立刻弹出一行字幕：您的霍尔币（3017年国际通用钱币）已经存入您的虚拟钱包，可以愉快地购物啦！

我来到在银行一旁的花果超市，超市里也安装了犯罪心理扫描仪。我挑选了几个梨子和几个牛油果，碰一碰水果包装袋上的识别按钮，包装上立刻跳出来一个虹膜识别器，扫描之后，水果立刻无影无踪。因为，扫描完虹膜之后，机器会自动扣除我的钱，然后所购商品也会自动通过传输口传输到我的家里。

离开花果超市之后，我来到附近的菜市场，与看门的机器人打招呼。这些机器人都认识我，它们拥有记忆芯片，而且无论相貌还是思考方式都和人类一模一样。我走进市场，里面购物的人很多。看肉铺的那个机器人十分友好，是个粗壮男子的形象，做鸡丁时干净利落，一滴油水都不会溅出来。和我最熟的菜市场机器人是卖乳制品的。它是一个年轻女子的模样，金色的长发永远披在脑后，温柔的天蓝色的眼睛，洁白光滑的皮肤，系着粉红色围裙的它更显得甜美可人。与机器人付收款的方式和包装袋式付款少许有些不同。机器人会用眼睛扫描你的虹膜，然后扣钱并直接将商品传输到住宅里。

出了菜市场，一个人漫无目的地闲逛着。

不经意间来到了一家画材店。我拉开店门，一个中年妇女模样的机器人迎了上来。它有一头紧紧盘在脑后的黑发，棕色的眼睛闪闪发光；它高鼻梁，黄皮肤，穿着橙黄色的连衣裙。我和这个机器人关系很好，它是画材店的老板娘。

“莉莉，你来了啊！”老板娘热情地招呼着，“漫画画得怎么样了？”

“唉，没灵感啊。”

“哦，真不幸。来吧，今天你要买什么？”

“电子绘图笔和电子漫画纸。”

“好的。它们在第三排的柜子里，各式各样都有，任你挑选！”

我走到摆着电子绘图笔和电子纸的货架旁，货架上的绘图笔是各种各样，从2017年的古董绘图笔到前些月才出品的WJ牌高等绘图笔。商品的价格也参差不齐，从20霍尔币到500霍尔币的都有。我一下子就被WJ绘图笔吸引了，抓着它不舍得放手。WJ拥有的功能十分强大，不仅颜色繁多，它还汇集了钢笔、铅笔、毛笔、马克笔、荧光笔、签字笔等所有笔的笔触，同时它还拥有擦除功能、记忆功能等等。二话不说拿了一支WJ牌高等绘图笔，又拿了一包电子漫画纸，付了钱，收获满满地走了。

滑板又慢慢悠悠地载着我来到了我的最后一站：宠物店。前两天受一养狗朋友的影响我也特别想养一只狗狗。乘着今天的大购物，买一只宠物回家，也许能给我提供些画漫画的好素材。推开宠物店的门，一种特属于小动物们的味道扑面而来。店两边各有一排精致的宠物笼子，里面可爱的小宠物有的酣睡，有的吃食，有的则玩弄着玩具。一个黑头发，黄眼睛的年轻女子机器人从柜台后面走出来，笑问："您需要什么？"

我简洁地回答："一只狗。"

"请问要什么品种的？"

"嗯……买什么品种我还不太确定。反正小一些，可爱一些的狗狗吧！"

"好的！"

机器人拉着我穿过一个个笼子，来到两只小巧可爱的茶杯泰迪面前。一只是白色的，另一只是黑色的；白色的正在活泼玩球，黑的在睡觉。

"这两只是最符合您要求的狗了，每只1000霍尔币，是纯种泰迪，一个月大。"

我挑了那只白色的泰迪。小泰迪玲珑可爱，像一团雪。我买下了它，还买下了一些养狗的必备用具。购买宠物后机器人是不会把你的宠物直接寄回家里的，只会把其余东西都寄回，只留下宠物，因为快速传输对宠物不好。我把小泰迪装进外衣的口袋里，它一动也不动，手扒着口袋边，眨巴着小眼睛看着四周。过了一会儿它就整个缩到口袋里去睡觉了。我也不吵醒它，给它取名为：雪球。

结尾　回家后

回到家里后，我把雪球放进笼子里，又把堆在客厅传送口的商品统统整理好，然后坐到桌边。我拿起电子纸和WJ绘图笔，将今天

的所见所闻画下来。画好后，我盯着空白的大标题，思索着：取个啥名儿好呢？有了，就叫——斑斓谷的晴天吧！

叶开老师点评：

《斑斓谷的晴天》是一个未来版、科幻版的人性化街角，莞若清风在设计上很有创意，把未来街区"斑斓谷"设计成三层"楼"，每层楼功能不一样，各有所长，分类很明确。看得出来这是你对未来生活的美好想象。那个可以用意念控制的磁悬浮滑板，使用起来想必超级方便，而能够集合各种笔的功能的超级WJ牌的高级笔，到底是怎么样的，我实在想象不出来啊。小泰迪，小到了可以塞在口袋里带回家，这个雪球也是超级的可爱。你的新社区是非常美好的，我相信，在那个时代，甚至电子货币都不需要了，也许是一种更为便捷更为先进的支付方式。即使现在，apple pay和支付宝就已经实现了无纸化。而这几年的比特币的出现，也意味着某种崭新的人类支付功能的变化。人类的未来，必将在互联网的影响下，发生彻底的变化。未来是你们的，可以充分发挥想象。从思想的角度来看，现在的想象，会改变未来的景象。因此，培养想象力，是非常重要的，最终，想象力会驱动物质而制造出属于你们的新世界。

14 贝加儿历险记10

吴沁蓓 二年级

在一个乌云密布的晚上，大家都在呼呼大睡，鸟鸟名耳边传来一阵阵叫“小风笔”的声音，声音渐渐变大，鸟鸟名也被吵醒。鸟鸟名张开惺忪的眼睛，发现面前有一个女人，她脸成鹅蛋形，皮肤像雪一样白，头发发黑，黑得和木炭没有两样，头发也很长，一直到大腿，一双高挑的狐狸眼，鼻子很尖，穿了一身雪白的裙子，有十层，脖子上还有个半圆形的水晶。

“你是谁，为什么要找小风笔？”鸟鸟名恭恭敬敬地问。

“我是板桥三娘子，是位仙女。小风笔是我的女儿，从唐朝到现在我整整找了她一千一百二十六年，即使我用搜魂器也找不到她，不知什么缘故，搜魂器今日却起了作用。”板桥三娘子笑了笑。

“板桥三娘子，我告诉你吧，小风笔被道士抽掉了九层驴魂，变成了驴娃娃，所以你找不到她，是贝加儿救了她。”鸟鸟名跳了起来。

“贝加儿，贝加儿是谁？”板桥三娘子问道。

“那我带你去找她吧，她是个火星人，也和你一样漂亮。”鸟鸟名很自豪。

她们说着说着就来到了贝加儿家，鸟鸟名指了指床上呼呼大睡的贝加儿：“这就是贝加儿。”

贝加儿听到声音马上就醒了：“鸟鸟名，你怎么来了，这是谁？”

鸟鸟名解释后，贝加儿长长叹了口气：“在我离开地球之前，小风笔可以找到妈妈，我倒也放心了。”贝加儿立马坐了起来。

“你要去哪里？”板桥三娘子问道。

“我要回火星了。”贝加儿回答。

“这几天就是黑洞出现的日子，但我还不知道，黑洞具体在哪个位置。”贝加儿有点懊恼，跳下了床。

这时，小风笔对妈妈说：“如果没有贝加儿，我现在还是一个驴娃娃，你要帮帮她。”

小风笔一说，板桥三娘子就同意了。她翻了翻时光镜，贝加儿看到了自己现在每天上学的学校就是黑洞所在的地方，知道学校以前是一个山洞，山洞里有一个黑洞。贝加儿提议先去学校看看，一说完，板桥三娘子已经把他们带到了学校。

到了学校，贝加儿看见自己每天都要经过的大门，每周一站在小操场上升国旗。再往前走就是食堂，每个在校的中午，大家都排队拿饭菜，自己每次都吃得最快，还被老师评为午餐队长，管理班上的午餐纪律，她总是催促着吃得慢的同学，让班上每个同学都长得高高壮壮的。贝加儿想到这里，心里暖暖的。

再往两边就是教室了，她看到一排排整齐的桌子、凳子，仿佛看到了老师还在上面讲着《猴子吃西瓜》，同学都在下面哈哈大笑。最好玩的是，学习认钟表，开始自己怎么都不会认地球上的钟表，后来居然是班上认时间最快的同学。

在学校一天的时间总是过得很快，每次大家都会排好队来到校外的放学接送点，八班的接送点就在公交站后，姜一牙总是最后一个来接……

“贝加儿，如果你要找到黑洞，就必须先找到山洞，山洞被你们学校压着，恐怕我要把学校拆了。”板桥三娘子说道。

“不行，这是绝对不可能的，我不能这么自私。”贝加儿再也忍不住了，流下了眼泪，随手捡起宝石，“我宁可不回去了。”

“不回去了？你忘记你自己是火星人了，你忘记你自己的使命了吗？”鸟鸟名看出了贝加儿的心思。

“板桥三娘子，还有别的办法吗？”鸟鸟名着急地问着。

“妈妈，你再帮帮贝加儿好吗？”小风笔恳求道。

板桥三娘子摸了摸小风笔的头：“不着急，让妈妈再想想，会想到办法的。”

此时大家都没有说话，似乎说什么都不能再安抚贝加儿的心情。

“如果一定要留住学校的话，那只有让你们变小，我在学校的树下挖一个小小的洞，你们俩钻入小洞中，沿着小洞爬到黑洞中，不过如果你们变小，会有一定的风险，如果碰到大的昆虫，很有可能会把你们吃掉。”

“可以，这个办法好。”还没有等板桥三娘子把话说完，贝加儿就急忙回答道。

第二天晚上，板桥三娘子带着小风笔来到小树旁，姜黄儿、姜霖、姗姗、猪轩酷也都赶来送贝加儿和鸟鸟名。

“你们准备好了吗？准备好了就喝下这瓶让身体变小的药水，你们要抓紧时间，药水只能保证八个小时。”板桥三娘子说道。

大家都抱着贝加儿，谁也不肯放手；“我也要变小，我要送贝加儿到黑洞口。”小风笔和妈妈说道。

“不行，这太危险了。”板桥三娘子喊道。

贝加儿看到这情形，眼泪不听使唤地往下流，贝加儿捡起宝石，交给了姜黄儿：“这颗宝石送给你，今后你有什么想要的，它可以帮助你。”

贝加儿又从口袋里拿出之前的一颗宝石说：“这颗宝石我不能给你们，我必须把它变成一本纪念册，记载着所有我在地球上发生的一切，我要带回火星。”

小风笔此时更伤心了，哇哇地大哭起来，眼泪掉在地上，居然也变成宝石。

大家都很好奇，板桥三娘子捡起宝石，仔细观察了一下：“这不是我们家族的血，或许是贝加儿的血使得小风笔的眼泪成了宝石吧。”

板桥三娘子看到小风笔一直在哭，贝加儿又曾经救过小风笔，也没有办法，只好答应把小风笔也变小，她自己亲自送贝加儿去黑洞了。

大家喝了药水后，板桥三娘子很快就带贝加儿找到了黑洞，到了洞口，贝加儿和小风笔说道：“你的眼泪可以帮助很多人，希望地球上所有的感动都能变成宝石，希望你们珍惜地球，突破地球的时间牢笼，来火星找我，我也会找机会来地球看你们的。”说完便头也不回，和鸟鸟名低着头进入了黑洞。

叶开老师点评：

哇！吴沁蓓的《贝加儿历险记》写得越来越好看了，而且你越来越有一个长篇作品的框架，并且在这篇里形成一个很棒的结构，即贝加儿和鸟鸟名打算回火星去了。这时候，板桥三娘子出现了，她来找自己的女儿“小风笔”，而且找了一千多年，用搜魂器也找不到，因为，小风笔被道士抽了九层驴魂（这个说法我超级喜欢），它差点迷失了自己，好在贝加儿帮助她恢复了自己。这样，在贝加儿和鸟鸟名想找到黑洞而回火星时，板桥三娘子帮他们寻找、定位，最后发现在学校底下，要真正找到山洞去黑洞，恐怕要把学校拆掉。不过，我们的贝加儿是超级有爱心的火星人，可不愿意伤害无辜的地球人，也不愿意搞破坏，最后，板桥三娘子想到了一个妙招，把他们变成"小人儿"，这样，他们就可以钻进小小的山洞了，只是，可能有被昆虫吃掉的危险。我猜，等到第十二课，你的主人公贝加儿和鸟鸟名就会回到火星，幸福地生活在一起吧？我非常喜欢你的这部系列幻想小说的设定，真是棒极了。而且，从开始到现在第十篇，你的进步非常明显。祝贺你写出了自己的"代表作"！

15 IIOIVIIVIX

义仪炙（章正宇） 七年级

二〇一七年七月十日是一个看似普通的日子，但是在我不知情的情况下，今天将会有一个我知道开头但是想不到结局的party。

我躺在床上，这时候已经是早上八点，在我上学的时候我已经在上课了，我看着一缕阳光从我没有拉紧的窗帘缝隙钻了进来，照到了我盖着的被子上面，我拿起枕头，看见一粒一粒的灰尘在空中飘来飘去。我看了一看挂在我床头的日历，已经毕业五天了。我抓了抓头发，走进洗手间，拿起已经浸满凉水的毛巾，一下子扑到了脸上。我睁开眼睛，嚷嚷道：“七月十号？我的生日！”我又抓了抓头发，走出了卫生间。看着桌子上面的面包和牛奶，我坐到了椅子上面，木木地喝着牛奶吃着面包，当我终于把我的嘴给塞满了之后，我又躺到了沙发上，八点半，还差两个半小时我的朋友就要来了。突然，叮的一声把我的思绪打断了，我走到了我们家的木门前，打开了。林学文低着头站在我们家的门前，我寻着他的视线看去，只见他的手里拿着一部手机，我又嚷嚷了，他看见了我，说了一句："hello！"看见了我的爸爸妈妈说了一句，"叔叔阿姨好。"然后就和我径直走进了我的房间。

接下来应云翔、王知易、罗圣伦、林志扬、刘宇浩依次来了，当他们都到齐了，我们就出发去早已预定好的KTV了。

我们先走到我已经久违了的麦当劳，买了两份麦当劳的炸鸡桶，突然，林志扬提醒我："呃，章正宇，已经十二点四十了。"我怪异地叫了一声，然后，赶紧把炸鸡塞到了包里面，带着一群人就是跑，当我们到达门口的时候，才发现应云翔还提着一桶炸鸡。我先让应云翔在外面等着，我直接去开房，当我把我包里的那一份麦当劳放到KTV里面去了之后，我才到外面把应云翔的那一包塞进了我的包里，然后偷偷溜进了房间。

我们点了几首歌。

我、林志扬、王知易一边往嘴里塞鸡翅，一边拿着整个KTV房间仅有的三个麦当着麦霸。突然，一件非常尴尬的事情发生了，一位服务员走了进来，刚刚好看到我们拿着鸡翅在那里啃，我们傻眼了。这时候，服务员没好气地对我们说："小朋友们，不可以带吃的东西，赶快拿出去。"然后，我们就只好把两盒鸡翅给拿了出去。我们坐在外面的椅子上面，寂寞地吃着，吃着，吃着……

当我们再一次进去的时候，我们点的歌已经没了，我们只好一

首又一首地再点，一首又一首地再唱，直到时间到。

我们坐地铁回到了家，在家里，一包又一包的气球已经为我们准备好了，我们在阳台开始了漫长的水球大战。

“啪”，又一个水球在我的脑袋上爆炸，使我那已经浸湿了的衣服多了一份“水嫩”。我“怒视”着正在那里狂笑的林志扬，拿起一旁的喷水管，“滋滋滋滋”，全部喷到了林志扬那狂笑的嘴巴里面。这一次，轮到林志扬怒视我了，他叫了一声：“あなたヤバーイ（你死定了）。”我也不知道为什么，从嘴里冒出一句：“龙神の剣を喰らえ（龙啊吞噬我的敌人吧）。”他从王知易手里拿过一个“蠢蠢欲动”的水球，刚刚举到头上，我用水一冲，水球爆了。他双手举在空中，又从应云翔手里抢过水球，向我砸来，我没有躲，让那一个水球砸在我的脚下。我感受着水喷溅到我的时候酥麻的感觉，好像正在品尝刚刚从烤箱里拿出来的布朗尼蛋糕。我从水池里拿出一个水球，刚刚准备向毫无防备的刘宇浩丢过去，却在应云翔的头顶无意间爆炸了。应云翔怒视着我，举起他刚刚做好的水球，但是却被林志扬的牙签给一把戳爆了，于是，应云翔又来了一次淋漓尽致的快感。过了一个小时，我们的“战争”在天边最后的一抹红色被抹去的时候结束了，换上干的衣服，坐在餐桌前，我作为寿星切了第一刀。我和朋友们吃着蛋糕，看着电影，一部电影播完了，他们朝我摆摆手，默默离去。

我看着日历，撕下了一张纸，久久凝视着它，揉了起来，丢到了垃圾桶。这算又过去了一天，这一天是独一无二的II〇IVIIVIIX二〇一七年七月十日！

叶开老师点评：

首先，迟到的祝福为你的生日，也祝贺你在过生日时有好几个死党来和你一起出去玩，而且是疯玩。还一起去买麦当劳炸鸡并且啃着鸡腿占着麦做麦霸K歌，虽然那些服务生实在不解风情，不给在KTV吃炸鸡，那就没有意思了。友情，关键是友情。少年的友情，是最值得珍惜的。这么时尚的事情，你们小小年纪就做到了，"脑师"我实在很羡慕你们啊。

16 我 校

星雨亦（唐华景） 四年级

我的学校，有大片蓊郁的绿化，有一幢高大严肃的教学楼，有一个生机勃勃的操场，有一个美丽的、如破碎珍珠的瀑布。

每条走廊满眼的干净白色，异常整洁，架子上分门别类地放着各种杂志，看起来会觉得非常协调舒服。

十分严格的铁面班主任，她从来不在全班同学面前开心地笑，早自习，她给我们布置很多足够做到午休以后的习题，班长说我们已经到了作业满天飞的程度。我们知道她是为我们好，可是，我们再也不能去观察阳光下的叶脉，蓝天中的白云……

沙沙沙沙沙沙，轻轻的书写声和咕噜噜的抱怨是教室里的日常音乐。

以前，在宝贵的午休时间里，我最喜欢捉弄那些老实巴交的西瓜虫，在它背上轻轻点上一指，它便吓得缩成一团，半天不动，直到你怀疑它被你点死了，它突然连滚带爬地逃了。

不过现在我为了避免被班长和班主任说幼稚，总是溜到三楼的读书角去，放松一下心情和绷紧的神经。

一头扎进我最爱的那个嫩绿色小沙发，全身陷进去，伴随着沙发的晃动起伏，一团团轻盈的清凉柔风从窗外飘来裹住全身，闭上眼睛，想象着自己浮躺在时升时沉的海浪上吹着海风……

仅仅逍遥几秒，我便必须离开那柔软的嫩绿小沙发以及那片柔软的幻想，赶回教室去写作业。

每天下午上音乐课前，我都会抽出几分钟去音乐老师办公室帮忙搬琴，秀发翩翩，肌白胜雪，舌绽莲花的音乐老师会非常亲切地给我两块香甜的大白兔奶糖。

即使有沙发和大白兔，压力也不小，班长发狠地督促大家。她是一个心理早熟的班长，清楚地知道认真学习对我们的辉煌未来多么重要。所以在她每次自习时间都像个吓人的严峻小妈妈在班里转来转去，不停呵斥，班级的学习海报、雏鹰活动、考试计划全由她设计了贴在墙上。

她是个好班长，只是太权力化了。

四年级课间活动是用来拼命做校内作业的，仿佛只要松一下笔，考上心仪中学的机会就从笔尖下飞走了。

忙碌的一天过后，大群大群穿着浅色校服的学生，欢呼嬉笑打闹着，像一批从监狱里逃出的罪犯，挣脱了束缚，尽情疯狂地享受着自由。没有那么夸张，但也差不多了。

明天，又得用笔尖点亮未来，绽放精彩了。

叶开老师点评：

星雨亦写了一个生动的学校生活场景。其中很多场景都细致有趣，尤其是“铁面班主任”从来不在全班面前开心地笑，哎呀，这个，简直，太，呵呵，我不敢说什么了。但是，老师确实是太有压力啦，压得人都变形。这个，就是在学校的重重压力之下的变形记。还有，你写“心理早熟”的班长，每天都“发狠地督促大家”，“在每次自修的时间都像个吓人的严峻小妈妈在班里转来转去”。她可真不容易，她自己什么时候做作业呢？还有，你写去阅读角读书，去帮“秀发翩翩、肌白胜雪、舌绽莲花”漂亮的钢琴老师搬琴，都很生动，也有些小小的无奈。不过，你们少年，就是可以有远大的未来啊。

17 我村之夜

雾霭青青（李霭青） 五年级

夕阳西下，云彩血红一片，像是燃烧的火焰。

夜慢慢来临，用她黑色的衣袍遮盖了整片天空，她的脚步如此缓慢，又是如此宁静。

这里是乡下，我的村庄。

我村的夜晚是如此宁静。

我悄悄地走出房间，来到屋外。

夜晚是一个人的世界。

街道上，没有一个人，只有几盏路灯亮着光。

人类都睡了，只有大自然没睡。

夜带走了白天的喧闹，夜带走了街道上的行人，夜带走了夏季的炎热。

吹着凉风的夜晚，是这样宁静，这样美丽。

现在，整个世界上只剩下我一个人。

害怕是多余的，还有大自然陪在我身边。

风在沙沙作响，穿过马路，穿过山丘，穿过整个世界……它如同一位特邀嘉宾，每经过一个地方，都有树给它招手，花草给它点头。这是风在歌唱。

小溪边水哗啦啦地流着，它奔跑的脚步声，变得更加清脆，嘹亮。在夜里，它才能尽情奔跑。但它们要到哪里？谁也不知道。

我划着船，在水面上行驶。抬头望着天空。

这一晚，独自一个人，却一点也不会觉得孤独，是什么陪在我身边？天上的星星什么时候开始闪耀，照亮着黑暗的天空？大自然为什么不睡？也想看看我村的夜的美丽吗？

是夜的美丽让我忘记了夜的漫长，是夜的美丽让我忘记了夜的恐怖，是夜的美丽让我忘记了一切烦恼。

今天是一个没有月亮的夜晚。

天上的云渐渐散开，点点璀璨的繁星，渐渐辽阔起来，开始照耀着我村。

星星好大好亮，像千万只萤火虫。水面上倒映着星空，水里的星星就像一个个慢慢地飞向天空渐渐远去的孔明灯。我就像在天空里遨游。

现在的天空，蓝中带着绿色，星星为它点缀。

这是不是夜的微笑？那么灿烂，那么寂寞。曾经的星空，现在依旧闪耀如初，还在照亮着世界。

如果这是一场梦，那就不要苏醒。

我村的夜如同一首歌，那么宁静，那么优美。

现在正是这首歌的高潮。我要把它记录下来，绝对不能忘，不知以后的自然环境会不会遭到破坏，还能看到这样的夜景吗？

在倒映着星空的水里划船，仿佛自己来到了天空。一道道流星划过天空，留下了一个美丽的影子，和美好的回忆。

和我村的夜在一起的时光不会遗漏，我会把这一切都珍藏起来。

星星的光在多少年后才能延伸到地球？

想乘着飞船，去到宇宙，望着银河，看着星辰……

叶开老师点评：

雾霭青青的《我村之夜》从题目到文章内容，都写得很美，诗情画意。你在这方面，有着独特的能力，而且抒情上，也确实非常到位。我建议在"今天（夜）是一个没有月亮的夜晚"，这里之后，具体写两三个细节，包括人物，事件，来更加充实文章，让文章有筋，会更棒。

18 贝安加暑假第一天

李雨彤 四年级

贝安加小镇是我的家乡，一个既现代又有田园风格的小镇，那儿的建筑都采用当地种植的松木搭建而成，坐落在贝加尔湖畔。生态环境非常好！

——引子

一 放暑假啦！

今天是暑假的第一天，作为一个大学生（露西塔·莉娜，17岁），简直像进了天堂一样，伊尔库茨克大学寒暑假都没作业。

二　饰品小店

现在是上午7点半，我正在吃早餐，计划8点左右去小镇走走，顺便买点生活用品。

“咚咚咚咚……”时钟敲了八下，该走了！于是我骑上自行车，带上自己的“无底洞”便利包出门了。

路过一家饰品店，我翻下车，一位阿姨出来迎接我，她有着棕色的头发和黑眼睛，不过皮肤很白，是混血人种。我经常到此店，和她很熟。

“早上好呀！莉娜，你是来挑头绳的吗？”

“早上好，兰特阿姨！我只是想选一款吊坠项链。”

“好呀！”说着，兰特阿姨就去柜台翻找了一会儿，“这是扇子吊坠，挺适合你的。”

项链是由白金制成，扇子吊坠里有一颗琥珀。“阿姨的眼光真好，就这款吧！”

兰特阿姨便宜了我十块卢布（卢布是俄罗斯通用钱币），真是位和蔼可亲的售货阿姨啊！

三　自动化银行

离开了饰品店，我又骑了一段距离，来到镇里最高端的银行——贝心花莫伊联合银行，准备取款。这里的服务是全自动的，方便快捷。

我来到第三柜台，按下“取款”键，随后摄像机“咔嚓”拍下我的脸部。接着我选择了所需的卢布，“刷刷刷，”不一会儿，卢布就呈现在我的眼前。取完款，我把一些卢布充进卡里。可以买所需物品喽！

四　花鸟市场

我低头看了一下手表，九点半了，还有时间去逛花鸟市场。我按下自行车上的“加速”键，飞一般来到了“人与自然融为一体”（一家俄罗斯连锁大型花鸟市场，有两层楼）。

我先进入人力区的“美花仙境”买了几束康乃馨和一盒玫瑰花护理套装。花了4620卢布，不过老板娘还送给我一个樱花发带（满4000送一份礼物）。

接着，我乘坐磁浮电梯到二楼——机器区，这是一个极其现代化的区域，全是靠机器运转。我踏进了一家植物检修铺，从包里拿出一个小卡片，对着机器“发现”扫了一下，相应的柜子打开了，我的发财树护理成功！我暗自高兴，三天前我把自家的发财树带到这里“维修”，然后我让柜台的机器服务女郎把它寄到我的小型别墅内。并且刷了一下VIP卡，在这里买任何产品都是打折的。

离开修理店，我进入一个小金鱼店，我又

见到了那个年轻女子模样的机器人，她围着防水裙，浓密的金发由发卡夹到了后面，碧蓝的眼睛显得她格外动人。

“您好，可以为您做些什么？”

“我想买两条小金鱼，纯种！”

“好。”她从鱼缸里捞出两条小金鱼，一只红一只白，“您看这两条怎么样？”

“嗯，还是红的和黄的金鱼吧！”

“3500卢布，您是会员，只需付2000卢布！”

我付完款，年轻女子就对我说：“欢迎下次光临。”真是尽职尽责啊！

最后我去鸽子用品专卖店为兰香（我的鸽子）买了食物和笼子，那个售货员还送我一个鸽子饰品盒（我妈妈和我常帮助他们家）。

我收获满满地回到家，一看钟，11点半了，我该烧饭吃了，一边做饭一边想：暑假第一天上午就如此充实，真是个良好的开端！

…………

叶开老师点评：

哇，李雨彤竟然是刚刚从俄罗斯伊尔库茨克的贝加尔湖旅游回来啊，是夏校吗？我觉得这个确实是非常棒的创意。我看过很多贝加尔湖的图片，却没有去过，好羡慕。我在读你的"幻想文章"时，还在想，你怎么会想出"伊尔库茨克大学"这样的名字呢，太厉害了。对于未来的想象，是你们这一代孩子的独特天赋，不过，你在未来想象中，还可以参考一下其他同学的文章，植入人工智能、自动驾驶等新的思考，包括灵魂互换等等。在你们的未来里，这个世界可能真的会和现在完全不一样了，你们的想象，会创造你们自己的未来。

19 落晨的黄昏

徐鸣泽　四年级

子夜，我躺在树下，伸手摘下一串葡萄，放了一颗在嘴里，细细品尝。

他仰望着天河，时见疏星一闪一闪……

“哈哈，这么早就起来啦？时候到了，咱们去赶集吧。”

“嗯，好的，零。”

集市里的房子破破烂烂，有的甚至屋檐上的小弯边都磨平了。雪白的墙面更是锈迹斑斑，惨不忍睹。

但集市已经热闹一片，形形色色的人如水流过，吆喝声此起彼伏。

“来呦！来呦！琉璃器物半两银子一个呦！来呦来呦！快来买

呦！”

“珍宝奇石！快来买！”

“西域茶叶！三铜钱一包！便宜喽！快来买！”

“奇珍异药！什么病都能治！”

一个满脸胡子的汉子走去，看起来不过四十岁。粗声粗气地道：“嗨！有创伤药没？”

“有有有有有！”说着，伸手拿了一包药，“一枚铜钱一包！便宜啦！”

那汉子往口袋里一掏，拿出一枚铜钱，扔在他手上，抓起药膏，就走远了……

在小巷的尽头，有一个老太太，手里拿着一个菜篮，坐在那里，却没有一个人去买。

仔细看了一看，那个老太太不到八十岁，大概七十六七岁的样子，却已白发苍苍。只见那篮子里有一个蓝色的小东西动来动去，我走过去，一看，原来是一条蓝色小鱼。

那老太太看见我，神色黯淡，道：“你要什么？”

“我只是问问，这是什么？”

“蓝鱼。”她简短地回答。

“吃的吗？”

“养的。”

“哦！”

我转身走过。

只见零已经“大购物”回来了，身上堆满了东西。

我奇怪地看着他，问道：“你买这么多东西干啥？”

“你知道，我，外婆，要，过生日了！”

“额……”

“我还要去买，蜡、蜡、蜡、烛。你，你，等一会儿……”

我呆呆地站在那里，过了一会儿才回过神，喊道：“那我去逛啦！拜拜！”

我走着瞧着，路边有卖动物的，有卖奇珍异宝的。我都不感兴趣。

在路的尽头，有一家店，里面拴着的竟然是一匹匹马！

我来了兴趣，走去。

那店老板看着我，说：“贵客想要什么马？”

我动了心，道：“我先看一看。”

它们都颇有灵气。有一匹小黑马一直瞪着大眼睛看着我，我向它走去，抚摸着。

“哦，你叫什么名字呦？好可爱……”

它用鼻子蹭了蹭我。

“好乖呦！”

仔细一看，它黑色的鬃毛没有一丝杂色，脑袋上，却又有一个小白点。抚摸起来甚是舒适。四只蹄子，三只漆黑，一只却雪白发亮。我看了看它的口鼻。惊异地发现，它的牙齿竟然没有一丝残损！

我向老板喊道：“要了这一匹！”

“一两银子！”

“哦！好！”

我给他了一锭金子。

“有碎银呗？”

“没。”

他费力地在口袋里翻找，他说：“你等一下，我去找。”

我点了点头。

过一会儿，他出来了，带着一包碎银，递给我，道：“它喜欢喝牛奶。”

我又点了点头，抚摸着它，轻轻地道：“你现在是我的小马了。”

我跨上它的背，俯身在它耳边道：“给你取什么名字呢？额嗯，落晨吧！”

零惊异地看着我，道：“这，这，你……”

我笑道：“我又有一个新朋友啦。”

谁都没注意到，黄昏，已经降临……

叶开老师点评：

哈哈，这个题目竟然难倒你了？这下糟了，我还想看看你的"杰作"呢。既然你超级爱马，为何不可以专门写马呢？在一个马集市，那里全都是马，各种各样的马。你知道吗？在古代，是马的时代，那时关于马有许许多多的专有名字。《诗经》里有32个专门的字是用来形容马的，你去网上搜索一下，可以找到。其实，和"零"一起出来赶集，"零"大采购，你看到一个老婆婆卖"蓝鱼"，也是很棒的。我们只是要写街角，对吗？你可以考虑，把自己家周边的世界描述一番，再套上幻想或者科幻模式，都可以。

20 古今街角

夏农（何浥尘） 七年级

傍晚时分，夕阳西下，天上又出现了几抹晚霞。

吃完晚饭的我，又走到了似乎只属于我一个人的街角那里。

前不久，我在这里发现了一个并不起眼的小按钮，说不定会是外星人做的人造虫洞呢，出于好奇，我按了它一下，结果身边的场景瞬间就变了。

我发现自己正处于一个陌生的环境，再仔细一看，周围的人都穿着古代的服装，难不成我这是穿越了？那个按钮就是传说中的时光穿梭机？正当我想着，突然感觉有点熟悉，这不就是属于我的那个街角吗？我兴奋地跑过去，那边有许许多多的铺子，有卖包子的，有卖簪子的，有卖胭脂的，还有卖香包和装饰品的。

“哇，这些簪子好漂亮啊！”我大声叫了起来，但我瞬间反应了过来，发现我声音太大了，赶紧捂住嘴，做贼心虚似的瞟了瞟四周，不过并没有人注意到我，要么看着手里的东西，要么匆匆赶路。

突然，我发现一个特别漂亮的簪子，正准备去拿，就在我碰到它的那一刻，一只手，从我手上穿了过去，没错，就是穿了过去，就像我是透明的一样，吓得我赶紧把手缩了回来。这大白天的，难不成还有鬼，还是说，我是鬼？怎么可能啊？

“老板，这个我要了！”刚刚那个把簪子拿走的人付了钱，把簪子拿走了。

“老板，你给我推荐推荐吧！”我对着铺子的老板说道。

但他像没听见我说话一样，看都没看我一眼。

“老板！”我提高了音调。

但是那个老板还是像没听见我说话一样。

“老板，你要是再不理我，我就把你的簪子拿走了啊？”说着我就拿起了一个簪子。

“唉，这簪子怎么会自己飘起来啊？”他惊讶地望着我手中的簪子。

我惊奇地望着他：“老板，这么一个大活人站在你面前你看不到啊！”我只好把簪子放下了。

“这簪子怎么又自己回去了？唉，年纪大了，都出现幻觉了。”老板叹了口气。

我只好无奈地走开。这街角有这么多铺子呢，我去别的铺子玩！

“让开，让开，六扇门办案！”几个官兵将街角的老百姓推开。

这也太不爱民了，我就不让，看你们能怎么样。我直直地站在他们面前。他们却直接从我身上穿过去了。

“啊啊啊啊，有鬼啊！”我吓得大叫起来，却根本没人理我。

难道他们不是鬼，只是他们看不见我，我只是灵魂在这里而已吗？想到这儿，我立刻走到香包铺前，对着老板大叫：“老板我要买香包！”

他却根本没看我一眼，我伸出手去拍拍他，却直接从他身体穿了过去。

我先是愣了一下，然后又开心地跳了起来，太好了没人看得见我啦！正当我高兴时，身边的场景又换了，又回到了我熟悉的现代街角。

这怎么回事啊，我还没玩够呢，我又按了一下那个按钮，却没有反应了。我只好回家了。

第二天，我又回到了家里，这次我带了点钱，这样等我拿了簪子什么的东西我也可以把钱给他们，虽然我知道他们并不用这些钱，但是这在他们那个年代肯定是个新奇的东西，肯定超级值钱，还有研究意义，啊哈哈哈哈，我真是太有才了！我边自恋边按下了那个按钮。

我刚想跑向簪子铺，却被脚下的一颗炸弹吓得不知所措，就那么站在那儿了。

“砰！”随着炸弹的爆炸声，我感觉自己都傻了，脑子一片空白，我只是来这里参观参观啊，要不要这么恨我啊，我才刚来就要死啊！我害怕地闭上眼睛，等着飞出去的那一刻，但我等了好几十秒，仍然没有任何感觉，我小心地睁开眼睛，发现自己毫发无损。

天啊，差点忘了，我在这里是死不掉的。我正要庆幸，耳边传来了一阵阵的哭喊声，子弹声也响了起来。我立刻环顾四周，这里似乎还是属于我的那个街角，只是似乎时代又变不同了。四处都是奔逃着的人。

突然，一颗子弹朝我飞来，我瞬间就傻了，但那颗子弹直接穿过了我的身体，射向了后面，紧接着就传来了一声惨叫。

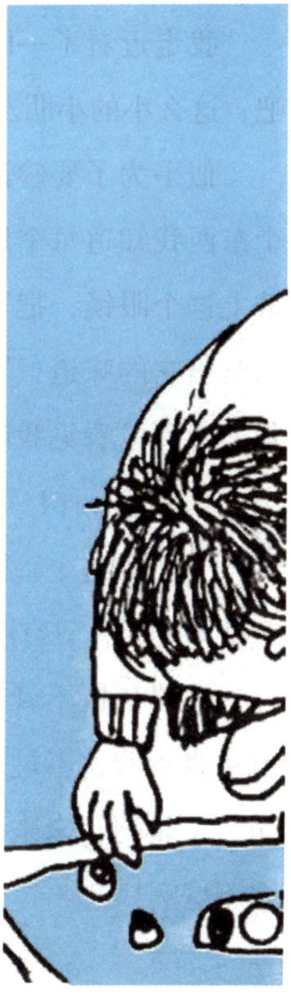

我转过身，一个人已经倒了下去，我立刻冲过去想要扶他，但他直接穿过我的手倒了下去。

看着周围一个又一个的人倒下，我似乎感觉这场景似曾相识，这不就是我平常在电视上看到的战争片吗？

过了许久，枪声才停止，而整条街已经染上了鲜血，有失去手或脚的人在街角昏迷着，有母亲抱着孩子默默抽泣，有孩子抱着不幸倒下的双亲号啕大哭。

我从口袋里掏出本来打算在古代买东西的钱，放在街角，战争带走了太多无辜的人类，我不知道这些钱可不可以帮助到他们，但是我想将我此时可以做的事做出来。

时光穿梭机似乎也知道我不想久待在这个令人伤心的战争时期，又把我送回了现代街角。

今天，我又来了，不知道会穿越到哪儿去呢？我按下了按钮。

四周都是一片白色。不过我还是在属于我的街角，这里的街角，已经很少有买东西的人了。

我看了半天，只看见了一个小朋友坐在地上卖东西："叔叔阿姨们，看一看，这是我自己做的机器人。"

我走近看了一眼，妈呀，太可怕了，他这机器人做得也太好了吧，这么小的小朋友都能做出来，这一定是在未来。

似乎为了要验证我的话一样，小男孩又拿出了几样东西："这个东西我知道每个地方都有卖的，但是我这里卖得很便宜，只要你戴上这个眼镜，把这个习惯放到嘴里，不管你看向什么东西，都可以尝出它的味道！"说着小男孩戴上眼镜朝我望来，我吓了一跳，他不会可以看见我吧？他却只吸了一口，然后耸了耸肩，"今天的空气真不怎么样！"

"还有这个，隐形衣，也很便宜哦！"说着他穿上隐形衣，立刻就不见了，只有声音还在，"怎么样，是不是物美价廉啊？"

小男孩也不管有没有人对他的东西感兴趣，就一直介绍着，我就一直听着，不过这次似乎才过了半个小时，我就又回到了现代街角，也是啊，未来的东西怎么能让我知道那么多呢，到时候剧透了多不好啊！

叶开老师点评：

夏农同学的这个"古今街角"，运用时间旅行、时光穿梭的方式，来写不同时代的不同情形与不同的遭遇。我不知道不同时代差得这么远，会不会街角仍然一样，仍然相同，也许，街角也会有很大的变化吧？尤其是，都到了"六扇门"来凶恶办案的时代了，那个时代的街角，跟现代相比，肯定完全不同。因此，你可以考虑对街角也做一番不同的描写，在不同时代，街角是不同的。另外，"按钮"的设计，不是很高级，这个，我专门讲过，一定要很特别，非常"像真的一样"，才好。穿越不能太容易，太方便，这样，就不扎实了。那个小男孩很有意思，他到底是从哪里来的呢？未来吗？

21 杨宏的上午

张家睿　六年级

序

我是杨宏，现年32岁，在辽宁省鞍山市市政府工作。

正文

要问我工作这十年来，最大的体会是什么？我只能说：“生活是从平淡无奇、千篇一律中寻找希望。”平淡无奇、被格式化的钢都生活如此乏味，只有从中寻找出路，才会得救。

我5点从家中出来，遇到来我们小区送进口快件的人，他和我们不一样，每天从大连港开车出发，载着满满一车的商品，向辽宁省各个城市送快件。虽然这一切是规划好的，但至少他不每天被禁锢在同一个地方工作。

我从他那里拿来我定的进口《西贡小姐》歌剧DVD，便对他点了下头，转身走了，临走听到时他说："谢谢先生。"

我坐上了我的车，那辆狭窄的"比亚迪 · 元"，戴上墨镜，向大门开去。

我出了门，向小区南面的"佳泰乐"超市开去，超市下面有一家肯德基。我走了进去，看见那位身穿新制服的实习生。他有着灰色的头发，是从哈萨克斯坦来的。看到我进来，他朝我笑了笑，用生涩的汉语问道："还是鸡肉卷吗？"我点了点头。他从自己的袋子里拿出一个，向我解释："鸡肉卷没有了，这个是我给你预留的，3分钟前的，还算热乎。"他傻笑了一下，接过我的6元钱，便转身继续炸薯条去了。

在车上，我边开车边吃，觉得它很好吃。

车慢慢悠悠地晃到了市政府，可是我又进不去，原来，一名快递小哥的派送车撞上了我的同事黄凯的车，出事地点恰好处于停车场入口处，我只好停在胜利小学门外。

走回市政府，看见栅栏上的挂式花盆，长着漂亮的牵牛花，草坪中立起来了红白相间的雕像，简约线条的设计颇具动感，好像是

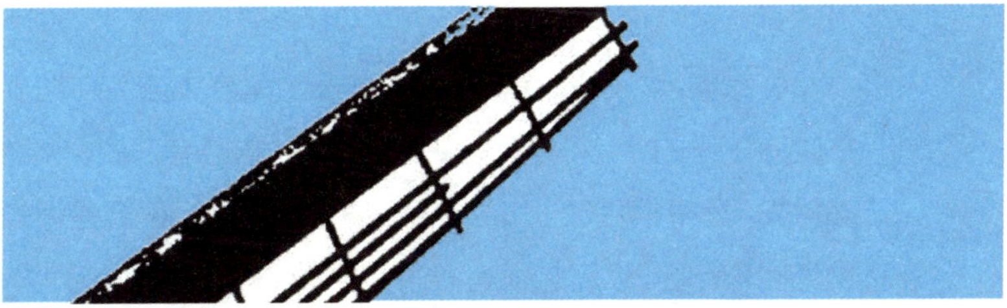

人在舞蹈一样。

回到我的办公室，看到志愿者清洁工唐罗，他是这栋楼的一名临时清扫工，同时也是第二中学的初一学生，正巧扫到我这里。我邀请他坐下，和我一起喝一杯普洱茶。我羡慕他，他做志愿者，没有各种各样的条条框框的约束，因此其实在生活上是比我自由的。志愿者这份工作是很累，但毕竟还可以自己选择生活的方式。这种感慨我不是第一次发出了。我与他聊了很久，他说在学期里，生活是三点一线的，生活是家——学校——补习班或自习室，没有乐趣可言。假期里，他用一周时间出来做志愿者，放松一下身心。我深有感触，心里充满了对无趣生活的愤怒。喝完普洱，他出去扫别的房间了，我一直坐在沙发上沉思，沉思……

大概半个小时后，黄凯走进我的办公室，把50多页文件给我，“一小时内批完这些文件！”我不得不坐到办公椅上，拿起红笔，一页一页地审阅这一摞厚厚的文件。唉，忙碌的一天终于开始了……

叶开老师点评：

张家睿换一个视角，用32岁杨宏的角度来描写在鞍山市政府工作的状态，并且以快递、同事、志愿者三四个人物来衬托，写得很生动。那个志愿者初一学生，会不会是你的化身呢？哈哈。你真的很有心。

22 猎德的街角

田静怡　三年级

我住的猎德村旁边有一个名叫“广粤天地”的大广场，那里是一个“O”形的广场，中间是一个喷水池，围绕着它的则是一圈小路，小路旁边各有四处台阶，台阶下来就是一圈商店，其中，我最喜欢的是唐宁书店、每一个角落（一个小超市）和新元素（一个餐馆）。

就先从唐宁书店说起吧。一进门就能听到一阵音乐，还能听到旋转木马的声音，时而欢快，时而低沉，很好听。再走进去，摆放着很多可爱的玩具，有一个玩具粘在书的封面上，我一看到就想笑。这个书店里有很多舒适的沙发、椅子、沙发椅，我最喜欢坐在那张灰色的沙发椅里看书，那简直是一种享受。里面有很多好书，比如说，经典童话、英文儿歌。来这里看书的人也有很多，有一些吵闹的小屁孩，有时，店员被吵得受不了，就会请他们的家长让小孩子安静下来。这里还不时举办有趣的活动，妈妈带我参加过一次手工扎染围巾活动，特别好玩，用自己喜欢的颜料来染白色的围巾，可以随心所欲地染。我很喜欢我自己染的围巾，因为它是我亲手染的，妈妈也很喜欢它，昨晚我睡觉时还围着它呢。

唐宁书店隔壁就是“每个角落”超市，我很喜欢这家超市，因为这家超市的店员很和蔼，而且时不时有试吃活动。我试吃过几次牛肉肠，那个牛肉肠啊，我真的是百吃不厌。这家店里的牛排很嫩很香，妈妈经常煎牛排给我作早餐。那里的面包也很好吃，我最喜欢的是甜甜圈、肉松海苔面包，配上香蕉牛奶，特别好吃。那里的冰淇淋也很好吃，他们除了卖冰淇淋以外，还可以让顾客自己做冰淇淋。

还记得前面说过的喷泉吗？它在广粤天地大广场的中心，喷水时间是早上7：00、下午5：30、晚上7：30。每当喷泉喷水的时候，会有很多小宝宝在那里玩。有一次我去喷泉玩的时候，看到一个光屁股小老外宝宝在喷泉池里跑来跑去，我妈妈当场笑喷了。我脱了鞋子，立马奔进去玩，玩得可开心啦！有时妈妈也会陪着我进去玩，但是妈妈不敢靠近喷泉，因为她怕冷，而我却在里面玩得特别欢。

对了，差点忘记给你们介绍这里的猫王——八戒，它是一只橘黄色条纹的母猫，它很大年纪了，它不怕人，但是有人怕它，但是也有人不怕它，餐馆的服务员经常喂它吃东西，我有一次喂过它牛奶和面包，不过它只喝牛奶，不吃面包。

这就是我所喜爱的广粤天地大广场。

叶开老师点评：

哈哈田静怡也算是一个"吃货"了，竟然对牛肉肠爱吃到了"百吃不厌"的地步。哈哈，猎德村这里，你写广场，写唐宁书店，写喷泉，写"猫王"都超级好玩，尤其是"猫王"又叫"八戒"，好吧，我都想象不过来了。哈哈。广粤天地大广场，我记住了，下次去广州，带我去吃喝玩乐啊。

23 老家的味道

王怡然　五年级

在老家的很多事情我已经记不太清了，只是记着一些印象深刻的事。

可是在新家，一些事情，总是流露出老家的记忆。

我老家这个地方，不怎么富裕，也不怎么漂亮。可是，生活很方便，什么东西都有。从楼顶鸟瞰，那一排排街，有卖早餐的，卖生活用品的，卖玻璃的，总之什么都有，要买什么东西，也不用走太远。每个人都很友善。

有一次，我吃完早餐，到早餐店门口等车，上学的路上我发现工具箱丢了，在学校里，被老师狠狠地批了一顿，心里感到无限的委屈。下午在家里找了一个钟头也没找着。晚上回家的时候妈妈把我的工具箱给我，我很奇怪，问："妈妈，你是怎么找到工具箱？"

"哦！是早餐店的老板给我的。"妈妈回答。

早晨，我去给老板道谢，他笑着对我说："没事儿，没事儿，这里我每个客人都认识，东西落在这儿，是不会丢的。"这个记忆，恐怕10年后都不会忘记。

我家隔壁的那条街，除了一家水果店，一排下来都是餐厅，我对这一家水果店印象特别深。

那是一个简朴的水果店。老板和我爸很熟，他有一个小学徒总是在老板的后面干杂活，削削菠萝的皮、倒倒垃圾之类的。记得一次去他家买水果，老板不在，小学徒看着店，我进去买山竹。我不会挑，只能看好看的选，无意间却把几个烂得快没肉的放进去，自己却不知道。小学徒称的时候，皱着眉头在里面挑了挑，看了看。最后转头对我说，这些都不好。说着把一个烂的打开，里面没有多少肉，只有几只白白的虫子在爬。他把它扔到垃圾桶里，告诉我，挑山竹，要挑硬的，那些软的都已经烂了。他还告诉我，山竹的后面那些花瓣似的东西，有几个说明肉有几个。挑了一打，又检查了一遍，才让我走。到现在，我才想到了一个问题，假如，他把坏的卖给我，不是可以赚更多吗？

房子，商店，都很新，在我新家的门口开了一家快餐店，叫very very（很很）。那一次我去里面吃了一顿，里面装饰得很华丽，东西也很多。吃了几次也就习惯了。可是每次妈妈和我去吃，总是对我说说："老家门口的快餐店比这里味道要好。"我什么也没说，但是心里却暗暗赞同。

4年过去了，我在新家门口吃饭，还是没忘记老家，它那熟悉的味道。

到底是老家的快餐店确实好吃一点，还是因为我先住在老家，熟悉了老家的快餐店，不熟悉这里的快餐店？

叶开老师点评：

哇，王怡然写老家和新家的对比，情感上非常真实。吃早餐把工具箱丢在了早餐店，怎么也找不着，被老师狠狠地批了一顿，没想到，回到家了发现"工具箱"却自己先回到家里了，这个细节特别好，写得很温暖，很和善，很自然。水果店里把烂的山竹挑出来扔掉的小学徒，也超级有爱，尤其是教"我"怎么辨别山竹的好坏，而且细心地把坏的检出来，再挑一遍。这种诚实的品质，正是我们国家最需要的。而不是那种把坏的卖给顾客的奸商作法。老家熟识的味道，我心有戚戚焉。

24 黑天鹅港

乔逸飞　七年级

“黑天鹅事件，理论上来说，是不存在、无法预测的事情。而您，上校，现在您所处的黑天鹅港，位于无人区，大部分人甚至包括有些高层军官都不知道它的存在！”

一位头发大都花白，带着铁手套，身上遍布各种零零散散的辅助身体机能机械的老人。他就像被裹在了铁皮中，不知道经历了怎样的磨难。他就是人们都认为过世了的多纳博士。只有少数的最高领导与他的赞助商知道实情。在他旁边，坐着一名头戴高筒皮帽，身着灰色内扣防寒大衣，戴着羊毛围巾，腰际别着手枪的中年人，克格勃精英，邦其可夫·叶月惜·契则尔上校。

“博士，莫斯科对于您的科考研究的进度有些不满意。”邦其可夫上校说道。

“那是资金短缺了吧！”

“好吧，我们稍后再谈。”

“上校，您可以去休息一下。你，带上校去休息一下！”

“是！”

回到了房间，邦其可夫上校把包放在桌子上，取出了一张已经泛黄的纸，一份极其古旧的地图，上面曲曲折折，一个红色的点跃然纸上，非常醒目。他指了指红点，轻声说：“这里会有什么呢，神秘武器？远古宝藏？还是……”

半夜里，几乎所有人都睡了。邦其可夫上校悄悄起来，也不顾惊动到他人，手里抓着地图，抄近道直接跳下楼去。只见他打开风衣，调整重心，向仓库飞去。他的身影投到地上，像一只巨大的蝙蝠。风在他耳边呼啸，大地迎面而来，但邦其可夫上校没有恐惧，一个后空翻，如一片轻盈的落叶稳稳着地，悄无声息。他环顾四周，确定四下无人，迅速向南奔去。

很快，他来到一个街角，走进了一辆老式房车。在驾驶舱里，邦其可夫打开一个活板，翻身钻了进去。一条昏暗的石头甬道，墙面不时有一些记号，他沿着记号越走越兴奋，来到一扇大门前，是一个非常传统的密码锁，三次输入密码的机会，如果都错了，门里的火药可以将人轰飞100次。邦其可夫上校回忆起地图上显示的数字，小心地输入，手非常稳健，毫无怯意。

“轰！”铁门慢慢打开，一部涂着黄色漆的老式升降机露出来。邦其可夫走进去，按下下降键。

“吱吱”，升降机缓慢下降。

“当！”升降机停住了，门慢慢打开。邦其可夫上校信步走出电梯。

“哼，多纳博士真是太呆了，在这儿这么久，也没有什么改进。到处都还是上世纪的装备，太古老了。真是，他肯定……”正想着，一个凉冰冰的东西顶上了他的头。太熟悉的感觉了，是枪！多纳博士的格洛克17手枪。

“哦，博士！”邦其可夫上校干笑一声。突然一个180度旋转，邦其可夫上校避开枪口，反抽出自己的藏枪。他如此行动，是因为他有自信可以干掉博士。当然，前提是一对一。没曾想，角落里突然又冒出了一人，一脚踢掉了邦其可夫上校的枪。黑暗中，邦其可夫上校没有看清楚对方刚才藏身在哪里。突然，一柄长刀架在了邦其可夫上校的脖子上。邦其可夫上校心中一惊，快速评估敌我力量。对方出手干净利落，定有专业训练。但他毫不示弱，拔出军刺，准备迎战。

“呼！”一声近乎无形的长刀划过空气的声响，邦其可夫上校本能后撤，对方听见他的脚步，便知这一刀要落空，刀锋一转，横扫而来，邦其可夫上校抬刀一挡，这一下，他的虎口都震得发麻，他回身一刀，直刺敌方心窝，对手把刀左手换右手，也对上了他的要害。邦其可夫上校看见了一道寒光对准他的胸口，急忙收刀。

“好了！”博士大喊。

“咔！”灯亮了，邦其可夫上校发现对手的刀尖指向他的胸口，自己再向前一些，心脏就要被洞穿。他郁闷了，自己败了，不是因为对手技高一筹，而是对手的刀比他的长。还有面前的这个绿脸的女怪物又是cosplay的哪一出？

博士看他一脸错愕，便解释道：“那是她自行研制的面膜，护肤效果奇佳，有点奇怪，不要见外。”

“哦。”

“来来来，上校。我们谈谈资金，正好你来了。”

“我们可以给您两个亿，博士。”上校说道。

“哦，上校。您如果见到了它，一定会被震撼到的，两个亿在它面前是无法比拟的！”博士自顾自地走向一扇巨大而厚重的铁门。邦其可夫上校有所顾虑，手就按在了刀柄上，跟着他进入了那个神秘的房间。他抬眼一看，“哇！”不由自主地赞叹起来，啧啧有声道。

“龙，真的是龙。”

那是一条古龙，被冰封住了，上半身长满了骨刺，脸部阴郁痛楚，两颗浑圆的眼珠是白色的，没有了神采。下半身大都腐烂了，能看见森森白骨。与上半身形成了明显对比，在分界线处插着一把小小的军刀，看上去就如同骨刺一般。要不是邦其可夫上校眼力过人，根本发现不了。

“啊，天哪，我看见龙了！”邦其可夫上校一脸惊叹，虔诚地说。

“上校，您欣赏够了吗？我们可以把它带到莫斯科好好研究。说实话，我要启动‘天鹅之死’，你要帮我回莫斯科，这是龙的意愿，不可违背。否则……1号……”

一名衣着朴素的少年走了出来，后面跟着两名警卫。“上校，来看看龙与人的结合，真正的力量吧！”一种十分危险的感觉袭来，邦其可夫上校直觉向侧方卧倒，抬起枪就射，“砰砰砰”三枪直取少年眉心，邦其可夫上校果然是专业特工，一出手就是快准狠。可那少年避也不避，眼中金光闪动，一时间空气仿佛凝住了，子弹也慢了下来。但子弹初速度就十分可观，仍在缓慢前行，摩擦使它烧得通红。越来越慢，越来越慢，最后在少年面前停下了。

“叮叮叮。”子弹落在了地上。

邦其可夫上校脑袋嗡的一下乱了：“这这这，怎么可能？”

“嘿嘿，这就是将龙血注入人的身体里让人所能掌握的神奇力量！上校，这是超自然！是神的力量！”

“好吧，到时让‘长帆号’来接我们。”邦其可夫上校脸色发白。

“我们最好还要乘坐雪橇，那是最不引人注目的出行方式。要做到一个不剩！”

——平安夜 黑天鹅港

“大家上床睡觉，晚上圣诞老人要来哦！乖一点！”孩子们（可怜的试验品）在士兵和护士们的指示下乖乖上床了，大人们也都陆续休息了。

在雪橇上，邦其可夫上校心不在焉地为手枪装弹，说道：“恭喜博士，成功踏上了回归莫斯科的旅途。”

“轰！”火焰从各个窗户倾泻出来，“哈哈哈！”多纳博士开心地笑了，头顶上方气流涌动，“哦，‘长帆号’来了！”多纳博士转身刚要登机，一个坚硬的东西顶上他的后背，“砰砰砰砰！”钢芯弹狠狠撕裂了博士衰老的心和肺，“没有我，你们无法研究！”他嘶声道。

“我无须研究，只要龙骨，是啊博士，一个不剩，你也一起陪葬吧！”老人眼中失去了生气，直升机也飞远了，只剩下“天鹅”那残破不堪的身躯……

叶开老师点评：

乔逸飞的"黑天鹅港"基本是写了一个科幻、动作的大片，从多纳博士到邦其可夫上校，这两个人的关系和龙的显现，都写得非常到位，而且惊悚。最后的结尾，尤其是反转得厉害。邦其可夫上校的这个杀招，直接把多纳博士干掉，简直出人意料，十分地出人意料。为何会这样呢？如果邦其可夫上校得到了龙骨，他会怎样？他拥有从龙里提炼出超能力的技术吗？还是直接掌握了龙，就有超能力？而且，邦其可夫上校的目的到底是什么，你也要想一下。例如：他自己要通过掌握龙的超能力，来统治世界？这个，你有下一步的想法吗？

25 窗台上的白玫瑰

张又允 四年级

我们家附近有一处垃圾房。准确来说，是一栋在垃圾箱旁边的小房子。

小房子里住着一个老太太，我听别人都叫她陈奶奶，于是我也叫她陈奶奶。

陈奶奶十分慈祥，她总是笑嘻嘻的，还会用捡垃圾的钱换糖给我吃。

虽然她住在垃圾箱旁边，但她十分爱干净，每天都会把已经有裂痕的玻璃窗擦了又擦，窗口有一盆漂亮的白玫瑰。每天，陈奶奶都会对着白玫瑰说话，有时还会看着白玫瑰默默地流眼泪。

一天夜里，台风很大，窗外呼呼作响。我透过玻璃窗向楼下垃圾房张望，陈奶奶不在家，她又去收废品了。

陈奶奶心爱的白玫瑰也被刮倒在台风中。看着那盆被吹得有些狼狈的花，我仿佛看到了陈奶奶悲伤的样子。

我心里产生了一个念头：去帮助陈奶奶照顾好白玫瑰！

我找出阳台上的花用肥料，撑起伞，走向了垃圾房。平时闻到垃圾的味道我会有些嫌弃地想要绕着走，可今天不知怎么的，这种感觉突然没有了。

我扶起白玫瑰，推开陈奶奶未上锁的木门。环绕四周，陈奶奶的家并没有我想象中的那么脏，那么乱。房间里井井有条，陈奶奶把每一件家具都擦得干干净净的，不留一点灰尘。

给花儿施好肥，我便将这盆花放到了床头柜上，并留下纸条：

陈奶奶：

今天刮台风，花儿被吹倒在地上。我把它扶了起来，而且已经施好肥了哦，它在床头柜上等着您。

小七

我把纸条夹在门缝里，撑起伞，回家了。

第二天。

我上完培优班回来，刚好碰见陈奶奶。她脸上挂着比以往更灿烂的笑容，招呼着让我进屋。

“小七啊，谢谢你帮我照看我心爱的花！”陈奶奶说。

“没事儿，陈奶奶，您一直送糖给我吃，这都是我应该做的。”我有些害羞。

“其实，我在这个世界上已经没有亲人了，”陈奶奶叹了一口气，说，“我的丈夫在女儿2岁的时候就走了。我的女儿叫小清，20岁去美国读大学，给我留下了这盆白玫瑰。可是，她去美国不到一年，就出车祸身亡了，那盆白玫瑰是小清留给我最后的礼物，也是我对小清唯一的寄托。要是这盆花也离我而去，那我就真的什么都没有了。小七，你真是帮了我的大忙啊！”

“啊，没有，我，我只是……”

我只是更结巴了。

走出陈奶奶家，回头看，窗台上的那盆白玫瑰似乎在对我笑，它更美了……

叶开老师点评：

张又允写了一个"好人好事版"的故事《窗台上的白玫瑰》，这个故事很自然，很和善，很温馨。寡居在垃圾房边的陈奶奶家的白玫瑰被风吹倒了，"我"去扶起来，施好肥，然后给陈奶奶留了一个纸条。然后，知道陈奶奶家庭很是不幸。但是，人间自然有一些基本的善意，而让彼此温暖。这个，自然善意的人生，以及人际关系，才是人类最好状态吧。

26 街　角

王弈凯　七年级

暑假里，我没事做，便经常在小区周围乱走，没过多长时间，我把这一块儿的路给摸熟了。

一下楼，来到小区门口。靠着开便利店做小本生意的一对老夫妇，总会早早地开店门，一见到你，准会乐呵呵地笑。只要你一进门，老爷爷的“慧眼”一看你，准把你要买的东西猜得八九不离十，而老奶奶也早已等着老爷爷的指令，去帮客人拿东西。

便利店的右边是家大面馆，每天的上午和中午都是人山人海。如果你经常去，那位记忆力超常的老板便会亲切地问你：“是不是老样子？”

我妈妈常说：“面馆里的人哪！人好！面就好！”

不错，这位老板他不仅记忆力超常，还有一手好厨艺。他的面不仅汤鲜，而且味美，总能让人吃出入口即化的感觉。

路的对面有家水果店，整天有一位红脸的叔叔站在门口吆喝："卖水果，卖水果，新鲜，美味可口的水果啊……"有一次，我发现他的脸红得吓人，以为他要中暑了，便说："叔叔，你快到里面吹会空调吧，你的脸这么红，肯定是热出来的！"可他的一句话把我俩都逗笑了，他说："孩子，谢谢你的关心！我的脸这么红，只是因为我是关云长的后人！"

离开了水果店，来到了隔壁的丝棉纺，里面的叔叔阿姨和蔼可亲。我五六岁的时候，奶奶带我去他们店里玩，叔叔阿姨便会给我讲他们儿时的故事，在他们那个年代，他们常玩弹弹珠、捉迷藏和打弹弓。听着他们的回忆，我仿佛身临其境，恨不得与儿时的他们玩上几把。

从小弄堂绕出去，便是个大型商场，经常有人在那里吃饭，喝下午茶。到了夜晚，这儿又成了大妈们的天下，广场上四支队伍跳着风靡中国的广场舞。

夜晚9点，伴随着舞队的解散，我们这儿，又恢复了宁静。

叶开老师点评：

王小凯的《街角》写得很生动，也很真实。那个卖水果的“关云长的后代”非常搞笑，但也很可爱。同时，“我”也是很好心的。“记忆力超常”的面馆老板，用心做面，也是非常善良。“人好，面就好”也是很棒的总结。

27 雪花街区

杨奕涵　四年级

它之所以叫雪花街区，是因为它被分成了六块雪花，也因为这六个区有不同的雪景。

雪花一区下着大块大块的鹅毛状的雪，羽绒服是这个街区的主要产品；雪花二区下的是一条条被子大小的雪，雪不易融化，所以冰雕和溜冰鞋是二区的主营产品；雪花三区的雪如一根根细细的面条，街区的人们喜欢用这种雪水煮面条，这个街区的名小吃就是冰雪煮面；雪花四区的雪似一根根毛线，可以织出比彩虹还美丽的雪花彩带，受雪的启发，这个地区的人们祖祖辈辈以经营毛线及毛料为生，毛线和毛料的闻名程度可以和鄂尔多斯及澳大利亚的毛线比肩；雪花五区的雪是一串串地下，好像天上专门有几个洞，那些雪

花只从洞中坠落。这种雪经过街区的技术加工，成为染料，故而雪花五区以出产染料而闻名。四区的雪花彩带就是拿到五区来染色后才变得光彩夺目的。最有名气的是雪花六区，那的雪如细细的纱，如梦如幻，去那办一场婚礼是每个人的梦想。

塔娜是整个街区的统治者，每天早晨六点，她会准时睁开眼睛，走到镜子前面更衣梳洗，半小时后穿戴整齐地走下楼。桌上放着热乎乎的早饭：刚刚出炉的面包、香醇的燕麦粥、一小碟蓝莓果酱、一杯咖啡，还有一份报纸。她一边吃饭，一边浏览报纸，之后听秘书丽娜汇报目前每个街区的营业情况。

七点半，塔娜开着她的snow car，这种车是雪花街区特有的车，是以吸收雪的寒气为能量的环保车，拎着她心爱的粉红色hello snow的手提包，漫游在各个街区，观察街区市民的生活状况。

八点半，塔娜到了她的办公室，秘书丽娜已经将所有要签字的文件，堆放在办公桌上，她一一地浏览文件并签字。九点塔娜召集各个街区的管理者开视频会议。

首先谈的是雪花一区的情况，雪花一区的人比较勤快，早早地起来，家家户户在做早饭，时不时能听到锅碗瓢盆碰撞的声音，老年人一早就在公园里锻炼，路上也陆陆续续有孩子上学的身影，路上车辆穿梭不止，年轻人都忙着去上班呢。值得一提的是，雪花一区羽绒服的产量持续增长，而且新款层出不穷，为他们赢得了许多订单。

雪花二区一大早就看到大家都在家门口扫雪，路上也有不少男女老少穿着溜冰鞋在滑冰，滑冰的姿态各式各样，学校已经被郎朗的读书声吞没了，上班族也在电脑前飞速地敲打，希望能在一天结束前早早地将邮件处理完。街道上又多了几尊冰雕，新款溜冰鞋的研制还在进行，有望在半个月内与大家见面。

雪花三区的人最是辛苦，天不亮就开始准备配送面条，店家们也是早早地起来准备面条的配菜和汤料。早上大街小巷的面馆都挤满了人，一家三口或者三五个朋友一起出门吃早餐，吃得热火朝天，聊得不亦乐乎。第一批早起吃冰雪煮面的人已经散布在工作岗位上了。

作为工业区的雪花四、五区，机器设备不停歇，路上经常有打着哈欠，骑着车往家赶的，也有吃饱睡足去上早班的。人们谈的都是工作，设备，产量等等。环保问题也成为他们的责任和关注对象。

最浪漫、最幸福的属雪花六区了，不用早起，不用争分夺秒地工作，不用没日没夜守在机器设备前，每天给新娘化妆，为他们挑选合适的婚纱，为他们布置婚礼现场，在每位亲人的祝福声中为新郎新娘主持婚礼，为他们开启幸福之门，给他们记录人生的幸福时刻。

开完视频会议后，塔娜去学校接她的孩子，今天是塔娜妈妈的生日，她要和孩子一起享受属于他们的幸福时刻……

叶开老师点评：

杨奕涵的《雪花街区》很有创意，分为六个街区，每个街区有不同的景象和不同的功能，而塔娜是整个街区的“统治者”，很有意思，很好玩。为何是“统治者”呢，看起来是一个“未来街区”，如果不是暴君或者极权统治者，那么塔娜可以叫作“街区管理员”，更符合未来的期待。

28 昆明的小巷子

徐梓豪　七年级

我认识一条小巷子，那是一条有尽头的小巷子。

地上铺上了石头，两边房子上面都有着瓦当，很显然那是以前的老房子，四周才慢慢出现了砖头房。

在这个小巷子里面，所有的铺面总共加起来才有4家，

他们分别是书店、面馆、理发和百货店。

那里的老板和我都很熟，我很喜欢他们，他们对我也很好。

书店的主人姓王，是一个土生土长的昆明人，他那里的书应有尽有，种类齐全，老板的为人也很好，有时在我看书的时候，他偶尔会给我一点吃的东西和喝的东西，我最喜欢的他也知道，那就是巧克力奶与奥利奥饼干。有时他还会向我推荐一些书籍，什么莫言

的啊、龙应台的啊……他们的书我都看过一部分，外国作家就不用说了，更是数不清。

面馆的老板姓张，他有一个妻子和一个儿子，他们家做的面条味道实在是令我回味无穷，下雨的时候，雨水就会滴到他在外面搭的铁板顶，叮叮当当地响个不停。兴许是最近天冷的缘故，煮面的蒸锅冒出来的蒸气足以和大澡堂里蒸气做对比。

接下来的就是理发店的老板了，他姓什么，说实话我也不知道，他是一个沉默的人，简直就像《盗墓笔记》里面的闷油瓶。但话说回来，他毕竟是一名理发师，是以理发为主的人，他的理发技艺也比较高超，但最重要的是，他那儿价格还不贵，只要8元，包洗。你只要说出你要哪种发型，他保证能帮你做到，甚至还会提出一些意见。

百货店的老板其实就是我的爷爷，他卖任何东西，从大的到小的，基本上一样不漏。看上去他的铺面很小，但只要他打个电话，哥哥就会开着一辆车，把爷爷需要的东西从我们家的一个大仓库里面运过来。

街道上，街角上的小店其实恰恰才是最宝贵的小店。

叶开老师点评：

徐梓豪写出了一个非常温馨雅致有趣的小巷子，总共只有"书店、面馆、理发和百货店"四家店铺，你对不同店主的描写很生动，对理发师的描写最生动，哈哈。"简直就像《盗墓笔记》里面的闷油瓶"，比喻也好。

29 亡灵街角

（开羽大人）李弈辉　七年级

序

在某个小镇的某条大街上，人们有着这样一种习俗。

在鬼节的前夜，家里的死者都会回到人间，活着的亲人在死者回到人间之前，必须在家中蒸上馒头，然后用黑袋子装好馒头和纸钱，来到大街上，先烧纸钱，再把馒头丢到大街上，以此表示对返回的死者的款待……整个过程中不可有一点表情，否则被死者的灵魂认出，会认为你不孝敬……今后可能不会回来了。

只是，我家还没有已故亲人（祖字辈往上的不算啦），也就没有买过纸钱，馒头是老妈做的。

除了，那次和坤哥去吃饭……

壹

"服务员，结账！"坤哥把几张"毛爷爷"拍在桌子上。

"不用不用，我来吧……"我想出钱，但服务生拿走了坤哥的钱。坤哥是我的同事兼朋友，为人大方，想抢在他面前买单是不可能的。

贰

出了酒店，我们才发现——今天是鬼节前夕！

大街上站着许多面无表情的人，他们正在为迎接已故亲人做着准备——面无表情地烧纸钱，口中念叨着什么；面无表情地撒着馒头，那馒头还是冒着热气的……

似乎死者真会回到人间，这只是风俗，表达心愿也就罢了，谁信鬼会到人间呀？骗骗小孩子倒是差不多，也许能把他们逗笑。

我和坤哥在路上漫无目的地转悠，聊聊身边的琐事。

夜越来越深了，路上烧纸的人越来越少了。

我准备回家了，跟坤哥道别，但坤哥却盯着路上的馒头不放，双眼发红，像见了仇人一样——我猜他一定是喝多了要发酒疯——在酒店里他喝了八瓶五粮液，把周围的小伙伴惊呆了。

果然（我认为）！

坤哥突然大吼一声，踹飞了好几个馒头。

周围的人居然没有注意到他，一个个面无表情地回家去了。

坤哥对准一堆馒头，没命地踩，一边踩一边喊。

“好了，你何必呢？对谁发这么大的气……”我扯住坤哥，他仍在踩，骂出一连串难听的话来，最后喊了声：“我叫你吃，吃死你！”算是“总结”。

叁

回来的路上，坤哥一声也不吭，我搀着他，坐到了街边，安慰了他几句。

稍冷的风吹了过来，街上的人大都走光了，只有几家24小时营业的店开着灯。

可能我晚上酒喝得比较多，现在有种想“嘘嘘”的感觉，我就在背对着坤哥的墙角，方便了一下下……

等我转过头……

“坤哥？坤哥？”忽然不见了坤哥，我吓坏了，“坤哥，你在哪儿？不要吓我！”

街上爬满了半透明的面无人色的人，应该是亡灵——“已故亲人”的亡灵吧？只见他们三五成群围在一起，拾起地上的馒头，放在口中，发出令人发毛的咀嚼声——“咔叽咔叽——”

我还注意到，茫茫人海……不，灵海中，有一个浅红T恤的身影，靠近一看，居然是……坤哥！

坤哥似乎被别的亡灵同化了，没命地抓着地上的沾了纸灰与尘土的馒头往口里塞，发出人类无法发出的咕噜声。

我拨开成群的亡灵，来到坤哥面前，说："你疯了吗？赶快跟我走！"坤哥转过头，他同其他亡灵一样，面无血色。我夺走他手中的馒头，扔得老远，似乎砸到了某个亡灵的头。

所有的亡灵扔下馒头，望着我，发出悚然的怪叫。坤哥跑过去抓起那馒头，对我做了个表情，没命地往嘴里塞馒头。

我只能眼睁睁地看这一切而无能为力。

肆

不知到何时，亡灵们吃饱喝足，揉着肚子，就消失了。和它们来时一样突然。

只有坤哥，我上前去查看，只见坤哥口吐白沫，晕倒在地。

我赶快掏出手机，拨打了120，很快救护车就赶来了，把坤哥抬上了担架。

做胃镜时，发出坤哥胃里有大量纸灰、尘土，各种细菌及未消化的馒头。医生说："现在这个情况，再加上过量饮酒，导致越来越严重的肝硬化，恐怕……"

尾　声

在鬼节前夕，我同其他人一样，带了纸钱和馒头，面无表情。

我点燃纸钱，抛撒着馒头……

也许，有些习俗是有它真实意义的……

叶开老师点评：

李羿辉写的《街区》确实有些恐怖呢，那个坤哥，他喝醉了出来，看着满街的馒头，飞起脚来就乱踢，然后，他就混入了亡灵中了，成为其中一员，这个很厉害。120来了之后，把坤哥运送到医院，医生检查，发现坤哥胃里有大量的纸灰，尘土，也很"吓人"。不过，你的细节和节奏处理得都很好，我觉得很棒。

30 永乐城

（二郎）陈　醉　七年级

1

公元760年，在村长的带领下，一村避难的人乘船多年来到了这个几乎可以说是与世隔绝的小镇。

2020年，一群考古学家在远在海外的一座古城中迷失了方向。所有的仪器在这里都乱了，众人忍耐着饥渴，在古城中摸索着方向，过了三天三夜，最终，众人还是抵挡不过饥饿，昏在了古城当中。

2

在众考古学家醒来之后，发现他们正处于一间房间当中，这里的建筑明显不是现代的样式，床用帘子挂着，旁边的桌上有中西式混搭的菜肴，香味扑鼻。这时，一个孩子进来了，四处张望了下，像一只小鸟一般连忙跑出去，只听外面在喊：“妈，客人们都醒来啦！”

随后，走进一个仪态端庄的妇女，她对考古队员们说：“各位，快吃吧。”

“这是什么地方？你们是谁？”一个考古队员问道。

“这里是永乐城。我们是在城外的郊区发现你们的。我是永乐城的公民。”

“永乐城是什么，为什么我们从来没有听说过，你们也没有在国际上有过交流，而且在我们的地图上这里现在是一个海上的荒岛！还有你们为什么会说汉语？”

“唉，这就说来话长了……”妇女叹息着。

在队员们吃饭的过程中，妇女告诉了他们永乐城的历史：当年唐末大乱时，他们的祖先为了避难漂洋过海，非常艰辛，好几年后，终于发现了这块大陆，这是一座已经荒废的城市，他们便在这里定居了，后来，也有些外国人来到过这，也都在这里定居了。

一些队员认为可以在这里再考察一天再回去，于是队员们准备在这一天里好好看一下永乐城的情况，并明天回去后告诉世人这个天大的消息，这简直是发现了一个新大陆啊！

3

中午，队员们来到了当地较有名的酒店，酒店的外观非常雄伟，金碧辉煌，这酒店，堪比皇宫。进去里面，堂皇明亮，真如神殿。酒店里的菜更是丰富，有铁板烧、牛排、酸菜鱼……几乎是把全球除了近代才有的菜，所有的菜式都集中在了一起，唯一不足的就是量不够，特别是主食，考古队员追问后才知道，原来这儿的农业科技还不够发达，农作物产量还远远不及现在别的国家。考古成员不禁想，这样好的一个地方，却因为“与世隔绝”而没有好的科技，真是可惜了。

考古队员经过一番调查后发现，这里还没有好的通讯方式，还是用写信的方式进行远距离联系。队员们可惜的心情更重了。这里的最高科技也就是用电做一些小事。

再是这里的生态，这里的环境几乎没有受到污染，永乐国的人在伐木之后，必会植树，这让这个岛的绿化好得就像没有人类在这里存在过一样：树木丛生，百草丰茂，百花齐放，百鸟争鸣，走兽矫健，一切是多么和谐，多么自然。

4

不过，队员们发现了一些更重要的，因为他们首先想到了一个问题：“为什么在这样一个虽然资源丰富却几乎是全球最偏僻的角落里，人们还能生活得如此满足、如此滋润？”人们在这个普通人几乎无法生存的地方竟然能建立一个百姓安居乐业的国家，这跟他们的领导人和制度一定有关。然而就在队员们四处询问的过程中，竟然听说国王大驾光临，而且原因是有几个外邦人来参观，并且说的也是汉语，队员们思索片刻，发现，这描述的不正是自己吗？天啊，天下竟有如此好事！队员们想道。果然一个身穿华贵服装的和蔼老人走来。队员们与国王交谈后，发现这里的太平果然是因为有一个好国王和严格的法律，这里的道德，是把它看作法律的！怪不得，这里如此平安，美丽。

最后国王交托给他们一个请求，希望他们能告诉世人他们的存在，他们也需要通过外交来提高落后的科学技术。

队员们带着满满的愉快心情与这个不为人知的小却和平安宁的国家告别……

叶开老师评：

陈醉写了一个你想象到的一个现代考古队员无意中发现的“永乐城”。这里的人民，是在唐朝末年天下大乱时，漂洋过海来到了这个小岛，并且生存下来，直到一队考古人员来到，才发现他们。这是现代版的“桃花源”，我觉得放在当代，在如此发达的科技条件下，加上地球上远轨道和近轨道的无数遥感和测绘卫星的监测，要说还有什么小岛或者古城是不为人知的，确实很难。所以，你要写这个神秘的古城，就要创造一个特殊的气氛。例如《神奇女侠》里那些亚马孙族人，他们有一个特殊的屏障，让自己隐藏在时空中，不为人知。而这里“永乐国”的人，怎么做到呢？这个要设计一下，写得让人感到出人意料，又合情合理才行。

31 仙林的美感

蒋瑞临　四年级

引　子

我打了个哈欠，阳光已经照进了我的卧室。现在是早上7点，今天我就给你介绍介绍仙林吧！

第一章

7：00　安静的街道，繁忙的菜场

早上 7 点这时候，我应该和爸爸去买菜。于是，我在外面扫了一辆小黄（OFO单车），骑上它，我就和爸爸去买菜了。因为现在是早上7点，街道上还没有什么人影，只有辛苦的清洁工在路边工作着，汗水

已经湿透了他们的上衣，可他们仍然坚持辛苦地工作。如果你认为整个仙林都这么安静，你就大错特错了，菜场里有川流不息的人，还有人吆喝：“爽口的西瓜1元1斤，快来买呀！”我们买了许多，有西瓜、胡萝卜、土豆、冬瓜和猪肉，然后我们就高高兴兴地回家了。

第二章

9：00　整洁的街道的幕后英雄——洒水车

上午9点，这时候，你可能会被一阵美妙的音乐所打动，有时候是《花好月圆》，有时候是《梦里水乡》，那是洒水车登场了，它会给马路洗个澡，咦！为什么花草也这么干净呢？原来绿化养护个人会给花草们洗澡，所以我们的街道才会那么整洁美丽。

第三章

12：00　美食的邮递员——外卖小哥

中午12点，这时候，你的肚子应该咕咕叫了吧，可是这么热的天，谁愿意跑到饭店吃饭！在这个时候，外卖小哥荣耀出场。他们骑着一辆辆摩托车，四处奔波，就算挥汗如雨，也坚持将美食送到我们的家门口。在这酷热的大中午，不管太阳多么毒辣，大街小巷总会有一个身影，他就是外卖小哥，让我们向他们致敬！

第四章

19：00　夜舞

时间过得真快，转眼间，就到了晚上，我们仙林的晚上可一点儿也不冷清。随着音乐响起，我们小区的大爷大妈开始跳舞了。看他们翩翩起舞的姿态，真让人美不胜收。单单这些大爷大妈们似乎还缺少些什么，那是肯定的，这样热闹的气氛怎么能少得了孩子们，他们就像一群活泼可爱的小精灵在你的眼前跳来跳去。

尾　声

我们仙林的一天就这样过去了，大家是不是觉得仙林很有生活气息？

叶开老师评：

蒋瑞临写了一个热闹而繁忙的"仙林"街区景象。并且写了各种各样的事情和各种各样的人。例如去买菜，例如送外卖的小哥，例如洒水车等。你基本什么都写到了，这个表明你的观察很广泛。不过，在一篇文章里，你要能够专门写一两个具体的细节，就会更好。邮递员、外卖小哥，都可以具体写一下他们的特点，这样才会更生动，更加吸引人的注意。

32 我的百草园

时践（时浩扬） 七年级

我家旁边的公园是我的百草园。

公园门口的大雪松已经年过花甲了吧？我爬过这棵树，踩着他壮实的身躯，抱着他粗糙的手臂，往上，再往上。那青翠的松针一点也不扎人，挠着人倒有点痒痒。坐在一根树枝上，两条腿在空中荡来荡去。微风拂过，送来缕缕清香。我坐在上面，看鸟儿飞过树梢，听秋千的吱嘎声，感受大自然的灵魂，久久不愿离去。

公园前的大草坪，曾经是我的乐园。我和其他几个小伙伴在草地上踢球、打滚。有时干脆什么都不做，躺下来，看着蓝蓝的天。有时，我感觉天变成了无尽的大海，我被吸在土地上，险些要掉进天空里。我们看“大海”上面的朵朵浪花，那是白云，被风一吹，继续欢跃奔腾。我们看“浪花”上托着几只彩色的帆船，那是风筝，在天空中飘摇。看累了，闭上眼睛，深深吸一口气，空气里混杂着青草的芳香，带走了一切烦恼和疲劳。

我喜欢探险。我会和小伙伴们爬上草坪上的小丘，在上面“占山为王”，摇旗呐喊。我们会拿着刀剑盾牌，模仿战争。侵略者勇猛进攻，守卫者坚守阵地。我们会手持木棍，当作登山杖，去探究未知的奥秘。树上的木耳，地上的草绳，洞里的蚂蚁，都能引起我们极大的兴趣。我们在石台上“修炼神功”，在大树下大喊大叫，在泥土中挖掘“宝藏”。待上三五个小时，我们都没觉得累。直到大人们一遍又一遍地呼叫我们，劝说我们，命令我们的时候，我们才和小山“执手相看泪眼”，默默离去。

以前，公园的湖边有垫脚石。我在故事书里读到过，但是从来没有亲自走过。记得有一年夏天，我受到小伙伴们的怂恿，就冒险试了试。刚踩上第一块垫脚石，就感觉到天旋地转。垫脚石之间还挺宽，需要迈大步才能过去。看着其他几个小伙伴在垫脚石上蹦来蹦去，我只好咬咬牙，继续走。后来听人说，走垫脚石的时候不要看水，我那时候不懂。水缓缓地往下游流，我感觉自己正往上游漂。其实我没动，只是相对现象。我身体一晃，差点掉下去。旁边的一个小伙伴可能被我吓到了，本来站得好好的，“扑通”一声，溅起一阵水花。湖边的水倒不深，但是很臭。等大家回家的时候，那个小伙伴的身上还有两三根水草，可真算是亲近大自然了。

公园的湖不算太大，我还曾经在那儿划过船。湖上横跨着一座小桥，跨过小桥，就是竹林。古人说：竹径通幽处，禅房花木深。

这里不仅是一个圣地，也是我学习的地方。我曾在那里拉过琴，面对着寂静和树木。时间久了，拉琴时站着的那块地光秃秃的，没有一根草。我也在那里念过英语，百鸟喧啾和风过疏竹是最好的背景音乐。这里还是一个避暑的好地方，竹林上面没有一丝缝隙，把阳光全部挡在外面。

说到避暑，季节性的公园也充满了故事。现在正值炎夏，酷日当头，让人坐卧不安。但对于我和小伙伴们来说，这可是最快乐的季节。每天上午，我们都会带着自己的水枪去公园。一开始，我们非常文雅地用水枪喷树。到后来，等大人一到阴凉地里聊天去时，一场真正的“水枪大战”就开始了。我们分成两组对喷，所有人的水枪装水容量都很大，还是需要手动增压的。这水枪射出来的水柱又粗又远，“杀伤力”极大。我们穿的都是普通的短袖，可挡不住水。一开战，两边的“战士”们全部中弹，衣服上的水还滴答滴答的。这怎么办？没关系，继续喷。一个人刚想说句话，一张嘴，水全部喷到嘴里去了。另一个人低着头，使劲往前冲，结果还没到对方阵营，就被巨大的“火力”镇压回去。太阳依旧烤着大地，在一旁观战。如果用高压水枪，一定会更有意思。到最后，玩累了，我们就干脆把水往天上喷，落下来浇在头上，一个个哈哈大笑，一边喊着：“下雨啦！下雨啦！”旁边的路人有时候也会被无辜地击中，有些着装整洁的人还会说我们几句。谁管那个呀？我们道声歉以后，继续战斗，直到每个人都像刚从水里捞出来似的。

除了夏天打水仗外，别的季节也有它自己的色彩。春天，我们把断线的球拍做成网子，去捕捉蝴蝶。我们把各种豆子种在土里，每天来公园浇水，等待发芽。夏天，我们在树干上寻找知了退下来的壳，就像在寻找什么宝贝似的。我们听着知了震耳欲聋的歌声，即使得捂上耳朵，还是不觉得厌烦。秋天，我们把风筝系在滑板上，绕着公园转圈子。风筝好像飞机的尾线，在空中飞舞。我们搜集地上的落叶，撕开红红的香樟叶，放到鼻子前，沉醉在清香之中。冬天，我们堆雪人，用路边的茶花来装饰。我们用手挑起树叶上的一滴滴露水，轻轻一吹，看着它晶莹滚动……总之，好玩的东西还有许多许多。

放假的时候，我每天去公园跑步。一天围公园跑三五圈，有些时候跑十圈。我体会着每一次脚落地又抬起的感觉，感受着夹杂着花草香的微风拂过脸庞。到最后，我根本没想跑，可我的双腿还是一次又一次地抬起，落下，抬起，再落下……我已经沉浸在其中，无法自拔了。有时，我会到公园的篮球场打篮球。听着篮球撞击地面时场地四周的回音，感受着汗水流过脸颊时的瘙痒，无声地滴在地上。公园不仅给了我欢乐，还给予我力量。

每当过生日的时候，我和小伙伴们都会带着大大的蛋糕到公园里和小伙伴们分享。大家一起唱生日歌，送给小寿星自己做的礼物和贺卡，坐在草地上吃蛋糕，围着公园奔跑……其他路过的孩子也会被着快乐的气氛所感染，加入我们的聚会。在万圣节的夜晚，我们会身披斗篷，头戴面具，拿着小南瓜桶和一大包糖果来到公园。我们进行服装秀，拿着海盗的弯刀和死神的三叉戟跑来跑去，一边模仿鬼叫。我们一起分糖果，每次都把南瓜桶和口袋装得鼓鼓的。在儿童节，我们上午早早地放了学，一到家就拿着滑板来到公园，一阵风似的滑下山坡。

在我感到无助和难过时，我会自己一个人在公园里散步。能走多慢，就走多慢。能走多远，就走多远。我会来到一个寂静无人的地方，把困难向身边的大自然朋友倾诉。我会倚在桥头的栏杆上，看着风吹起波纹，一圈圈地朝我散过来。我抬起头，凝视远方，感觉自己正在一艘船上，迎风前行。我会聆听朋友们的安慰，会仰起头看着云一朵接一朵地飘过。那时，我好像重生了，心中充满了力量。我谢过朋友们，转身离去。

我读《三国演义》时，每次到公园，就想象着关羽就是在这片高地上水淹七军，想象着诸葛亮就是在这片密林中七擒孟获。一个又一个的故事在公园中展开。我会把一条绳子想象成捆仙绳，会把一根木棍想象成打狗棒。在那时，整个公园好像是我一个人的，一切都充满了幻想。我会从一个广场想到世界大战，会从一个雕像想到黑暗势力。到后来，我开始写作，来到公园，脑洞顿开。

我记得公园里的每一棵树，记得哪里的石头又圆又滑，哪里的石头布满棱角。我知道不同时间最佳的阴凉地点，也知道不同的鸟叫意味着雨落雨停。我爱雨点打在湖面上激起的圈圈涟漪，爱冬天被冻成冰的湖面白而坚实，也爱平静的湖面宛如明镜。我享受着雨水打湿衣服，聆听着雨点敲击的美妙旋律，品尝着雪花在舌尖融化的纯净清凉，呼吸着茉莉花开时的淡淡清香，欣赏着小猫刚出生的稚嫩幼小。总之，美妙的回忆实在是太多太多……

渐渐地，公园不只是乐园，不只是学堂，不只是运动场。它已经升华成了一个灵魂，一个我能感受到的灵魂。当我每天放学穿过公园时，看到刚修剪过的草地，闻到花儿绽放的幽香，我有共鸣，感受到自己融入其中。

公园啊，我的百草园，你年纪多大了？整整十几年，从我第一次触摸到你皮肤上的青草起，到现在走在你坚实的脊背上，我们都变了许多。你从一个陌生人变成了老朋友，从一个老朋友变成了知音。我从一个婴儿变成了一个孩子，从一个孩子变成了一个少年。一切都太快了，快得来不及品味。蓦然回首，身后的道路铺满了鲜花。

叶开老师评：

公园是人人都熟悉的地方，城市里有公园，才有生动的灵气。我去全国各地，去世界各地，都爱逛公园。今年夏天全家在伦敦，逛了好多公园，太大，太干净，太自然了。那些公园里最让我感到惊奇的，是大树。有那么多的大树，意味着这里和平很久了，没有被折腾过，大树成长了上百年甚至可能是几百年，才能如此枝叶婆娑，遮阴送凉。我曾在德国的科隆环线绿化公园里逛，也非常惊奇地发现，在城市里，竟然有如此巨大的绿化公园，而且，有那么多的大树。我们的城市建设变化超快，老公园里也有老树大树，例如我上大学时，常去的上海中山公园，就有令人印象深刻的巨大香樟树和法国梧桐树。巨树，是有着历史的含义的。你写的公园，跟你的人生，跟你的成长，完整地融合在一起。爬树，过垫脚石，跑步，玩水枪，闲逛，这些人生中的不同阶段的不同具体生活细节，你写得都很生动。鲁迅先生笔下的"百草园"其实很小，但是在孩子眼中，就是一整个世界了。把公园写成一整个世界，是很好的想法。

33 漫步申城
——荡马路（上海话：巡游大街小巷）

方宴哲　六年级

“海纳百川、追求卓越、开明睿智、大气谦和”，你现在在国际化大都市上海。

七点了，按照你的习惯，你就要起来了。你穿好衣服往下望：“咦？”虽然今天是休息日，但是小区里的路上冷冷清清的，基本没有人，偶尔会有几个提着公文包的人急匆匆地走过。

你知道上海人都过着慢生活，尽量迁就上海的生活，又睡了下去。八点半的时候，你又一次醒了，发现楼下人多了起来。你高兴极了，洗漱完了，拿上了20元，就换上你那刚买的大皮鞋往外跑。

你拿出钥匙，解开了你的有点破旧的电瓶车的锁，坐上海绵坐垫，双手紧握黑色的把手，拧了拧左把手上的转轮，车便“吱嘎吱嘎”地开动了。你左顾右盼，看看你最中意的那家“老盛昌”早餐馆到了没有。十一二分钟后，在一个不那么引人注意的街角那儿，一个招牌已经看不清的店里人头攒动，门庭若市。你停下车，把车锁好，又检查了一遍，你知道上海的盗贼之多。你慢慢地走到那已经延伸了二十余米长的队伍后面。等了半个钟头，终于到了门店前。

你说要两个肉包子，两个烧卖，上海独有的锅贴二两，再要一份豆浆。带着白色口罩的阿姨，她抬头一看，发现是光顾他们早餐店多次的你，很惊喜地说：“侬又来啦？”你听不懂上海话，敷衍般地笑了笑，回应道：“是呀。”她很利索地从冒着蒸气，用竹子编成的竹笼里，拿出你要的东西，放到塑料袋里，给了你。你熟练地把钱扔进一个铁的盒子里，骑着你的电动车回了家。

你回了家，把还热乎的早餐拿出来，一口一口地吃掉，感到很有满足感：还是原来的味道。

今天是周末，你想出去走动走动，好看看这美丽的上海。你去了七宝老街，看到了一片人山人海。可是不要紧，你掏出钱，去“绝味鸭脖”店买了一点鸭脖，一边啃，一边逛。人声鼎沸的七宝老街是多么的热闹，到处都是叫卖声和讨价还价的声音。你路过一个纪念品店，发现里面有一个男人正在和一位收银员砍价。

“这玩意你就卖我四十好嘞。”

“这怎么行，我们老板都告诉我们不能还价，所以我们这儿谢绝砍价。我们是卖五十块就是五十块。”

“你便宜我一点算嘞。”

“不行的。”

…………

经过一段激烈的争执，顾客退下了。

“算了算了，不跟你计较了，喏，给你五十。”那个男子说。

收银员一听顾客不再砍价，就恢复到了和颜悦色的样子，笑嘻嘻地说道：“收您五十，小票需要吗？”

男子说了声“不要”，就走出了店门，他的脸色看起来不是很高兴。收银员把小票扔了。

你继续走。看到一家烧烤店，你买了两根羊肉串儿，老板娘看到你高兴得很——毕竟有生意了嘛，你本来付十二块，老板娘说：“零陡勿要了。”你听不懂，旁边一个抽着烟的大爷说：“她说零头不要了，你只要付十块。”

你觉得上海人善良淳朴，付了十块，拿走了两根羊肉串，打心底里感动。

你逛了三个钟头，觉得差不多了，便开着你的车去了你一直去的菜场，准备晚餐。

你先买了鸡毛菜、黄瓜等等蔬菜，另外买了一条鲫鱼。你正打算去水果铺买个西瓜，西瓜又大又重，你没有拿袋子或者另外能帮助你拎着这么多东西的工具，又看到水果店里有一个简便手推车，问店主能不能借一下，明天还。你说这句话时，自己心里也没有底气，没想到，这位和蔼的店主竟然同意了，还帮你把东西放到里面。你又一次被感动了。

回家，拿出买的各种食物，做了一顿美餐，在上海的夜晚，你享受着食物的美味，回想着这一天那些美好的回忆……

叶开老师评：

方宴哲用了"你"这个第二人称的方式，来写自己在上海"逛街"，也就是轧马路的感受，这是很有创意的做法。作为一个小"吃货"，你的眼中也都是吃喝吧。烧卖、包子、锅贴，还有去七宝老街看到的"绝味鸭脖"，哇，口水都被你写出来了。那个讨价还价，也写得很生动。你对日常生活，还是有观察的，竟然知道去菜场买鸡毛菜、黄瓜，还买了一条鲫鱼，呵呵。这是典型的市民生活。你对这些，虽然不见得有多深的体会，但是，你看到了，也写下来了。这很有龙应台《我村》的味道。就是那种熟悉的，和善的，滋滋作响的生活气息的世界。

34 回头看世界

宋柏粤　五年级

我记得，那条街，在我年轻时曾多次去那儿。

临走时总是喝杯啤酒，再转过头怀念一下，然后一脚跨入影子。

我重复地一次又一次来到那里，又以同样的方式离开。不知道老天为什么总是安排我去那里。不过每次去时经历都不一样，有一次的遭遇我还记忆犹新。当时，我在“恶心卢克”这家酒吧喝“小狗巴蒂”这种啤酒，一名带剑男子走进来在我身边坐下，他要了杯“巧克力混糨糊”。这是一种巧克力杯冰淇淋，下面是热巧克力，中间是固态巧克力，上面是一坨冰淇淋。他对我说：“你最好带把武器，最好像短刀这种，又快又轻，防身方便。最近这一带多了一帮可恶的骷髅帮。”

我抬起头一看，才发现这是熟人——山姆。这是我以前的一个同学，还是我的堂哥。不过我父亲杀了他父亲，因为他父亲要造反，冤家路窄，我赶快避开他。

也不知道怎么的，反正那一晚我一出酒吧就遇难了。我现在来到我上次的遇难地点，血迹还没清干净，尸首都已经发臭了。

上次偷袭我的三个刺客都是惨死的，谁叫我当时喝醉酒了呢？当时我乱开枪，把他们打死了。我有点怀疑是山姆派他们来的。

这里是政府执行死刑的地方，就在这条街的最后头，别看这街可怕，其实这条街的美食、工艺品、商场、电影院都挺好的。

进这条街，第一个看到的就是“阴险山沟”这个小吃店，主要是做一些淡水鱼田螺什么的烧烤类或香煎类食品。还不错，挺好吃的。

第二个见到的就是我最喜欢的“恶心卢克”了。这跟我所说的一样，是间酒吧。这其实还挺不错的，建议吃吃血腥蓝尾这道菜，这是一碟海鲜拼盘，刺身、油炸、清蒸等做法都有，来这里不吃这道菜就代表你没来过这里，价钱便宜，才20美元。

再往里走是一家影院，卫生干净，影院

大，屏幕大，还有环幕，我还是挺喜欢在那看电影的，我用了16美元在那办了一张会员卡，不过电影票也不贵，一般只有五六美元。

如果你要在这里玩几天的话，你可以住电影院后面那个“恐怖酒店”（又名“刑场酒店”），里面一点都不恐怖，五星级的，服务很赞，个人觉得还不错。

这条街最有名的就是刑场了，比较远，在街尾，离街头五六公里左右，坐公交车如果不停站的话，六分钟，停的话，就七分钟，走路要将近一个小时。

押去刑场的犯人没有那么快被处死，先审判，一般会空出几个审判厅，你有机会可以锁上门，在里面大喊：“我要造反！”没人听得到，因为墙壁的隔音效果太好了。

刑场的死刑有五关，第一关是讲笑话笑死你，很多人都过了这一关；第二关是讲笑话，如果笑了，就把你枪毙，没笑就晋级；第三关还是讲笑话，没笑的就被枪毙，笑的就晋级；第四关是看恐怖片，大叫的就枪毙，其他的人晋级；最后一关，把你从32楼扔下去，反正下面做了防护措施，你是不会摔死的，大叫的就枪毙，没大叫的就坐牢，罪轻的坐三年牢，罪重的就五年，杀人的就无期徒刑。不过，还有人在第五关被扔下去时吓死了。哼哼，这刑法有趣，但枪刑场可就不同了，把你关在一个房间里，里面有一个自行枪炮，计算机控制，乱开枪。为了防止你与它接触，全身都带着电，恐怖！

刑场前面有一家博物馆，还不错，里面收藏着从公元〇年到公元三千五百五十年的武器，你应该猜到了，没错，这是一家军事博物馆，其实也只是描述了从冷兵器到热兵器再到原子武器，然后是纳米武器，最后也就是现在的空气武器。最典型的空气武器就是宇宙之剑（The Sword of Universe），砍的时候通过空气的波动伤害到数十米外的敌人，AWT-002是一把空气撕裂者，这把枪很牛，对着一个人开一枪，那个人马上就会被空气撕裂成数万个碎片。不过这个002是手枪，还有003、004、005、006式的AWT。分别是霰弹枪、机关枪、狙击枪和反装甲撕裂者。我来解释一下AWT是什么意思吧。A是Air的意思，W是wave的意思，T是tearing的意思，合起来就是三个词空气、波动、撕裂。

博物馆前面有一座公园，虽然它看上去就两三公里长，但后面还延伸出去了七八公里。这公园其实倒是有点小，但它把我们这条街与政府大楼连起来了，这座公园才是真正的市中心。

这条街还有一个景点——落日。我们的落日是全城最出名的。在六点，你可以在街头看，没必要在街尾，虽然街尾看落日才清楚，但你如果在街头看就是另一种景色，一转头你会看到两种景色：第一，看到高高耸立的楼房旁边的彩灯一闪一闪地亮起来；第二，看到楼房夹缝中的太阳缓缓落下。

叶开老师评：

宋柏粤这个作品写得非常特别，很怪异，我甚至以为是读过阿根廷文学大师豪尔赫·博尔赫斯的《玫瑰街角的汉子》和《南方》综合而成的呢。不过，你大概没有读过吧？这么偏的纯文学大师，但是，那个街角的气息，与你这个未来街区非常像，都是好勇斗狠的汉子，是诡秘的人际关系，还有不确定的命运相关事件。你写的是未来，有奇怪的"刑场"，特殊的空气武器。空气撕裂，装甲撕裂，非常厉害。纳米武器是什么样的？也可以写一下。你有着各种令人眼花缭乱的想象。那个"遇难"我以为是"死了"，其实是"遇到了紧急事件"对吗？这个吓人一跳，也许你是真的写"我"遇难了。在未来世界，这也不是个事，肉体遇难，精神在备份中。你的小说和散文糅杂在一起的写法，十分烧脑啊，但是，感觉没有写完。虽然如此，我却喜欢。

叶开总结

作为“两点一线”的学生，要说对自己生活着的街区，自己出生并慢慢长大的城市，有着多少生动而深刻的记忆，恐怕是很难的。很多语文老师在布置作业时，并没有注意到学生的特点，不知道他们根本就没有时间去玩，去观察，去体会。写日常生活，对于学生们来说，反而是最困难的。因此，这次在学习了龙应台的散文《我村》之后，我和学生们仔细而深入地讨论了身边世界，并且，得出了一个小小的结论：和善而有序的世界，是美好的。这样的世界值得我们珍惜。

小孩子大多是“吃货”，要写自己的街区，如果不写到美食，那怎么可以呢？于是，很多孩子都写到了自己居住的街区附近的各种美食小店。例如，木木水丁在温州，她写《我世界》中自己街区的那些小店，真的很生动，很热闹。那种细节的感受，是非常细腻的。而王怡然写《老家的味道》，也捕捉到了水果店小哥的善良和诚信，那帮忙挑拣山竹的细节，非常有说服力。时践写“公园”，是一个比较讨巧的办法，而且也是小学生和初中生比较熟悉的地方。在这里，可以写出很多直接的、具体的感受。

不过，小孩子具体生活的接触面不够，他们最擅长的还是“想象”，是“穿越”。

四年级的汤夏香木（郑婉清），运用了一个穿越的手法，写出了一篇令人记忆深刻的《大清国未来镇》。大清国一百年前的未来镇，本来是超高科技的，但是，因为特殊的时间变化原因，“我”把未来镇搬到了另外一个宇宙，于是，历史就照着大家都知道的那种很无聊的方式进行了，这个条约那个条约的一大堆。是的，如果历史按照“大清国未来镇”的方式发展，中国将会怎么样？据说，小作者为了写这篇文章，查了很多资料，知识突然丰富了不少。这就是我一直说的“写作虹吸知识”的二十一世纪学习法。因为写作需要整理材料，要进行逻辑梳理，还要对资料进行搜集和思考，小孩子越写作，知识就会越丰富。而且，还是有效的知识学习。这些，都被他们吸收的，不是死记硬背的。张小源通过“穿越”的方式，和李太白先生互换一半的灵魂，写得也非常精彩。而且，在行文中，有机地插入了李太白的名诗，非常机智。这也是把“背诵”

的诗灵活运用于写作很好的例子。小作者只需要稍微找到一个特殊的视角一穿越，灵魂互换，就一切都生动起来了。雪穗·茗萱一度迷恋阿西莫夫的科幻小说巨著《银河帝国》，对其中的情节熟悉得滚瓜烂熟，她的穿越版“街角”，也是非常有创意的科幻小说模式。至于科幻小天才沼泽，忽然迷上了“饶舌”的风格，语言非常跳跃，非常自如地运用在奇特的想象中。那个“路易十四的心脏”，算得上是真正的黑暗料理了。

读小学生、初中生的脑洞大开的作品，会发现，一切都清新起来，浊气或者灰霾，顿然消失，是很美好的感受。这一切，都不难做到，激发他们的潜能，呵护他们的想象，然后灵感就会不断喷涌，而渐渐成为清泉。